Zur Autorin:

Ulrike Melzer, geboren 1981, ist Poetin, Künstlerin, Sängerin und Bloggerin. Sie lebt in Weimar und hat als Indieautorin mehrere Gedichtbände publiziert. In ihren Texten thematisiert sie intensiv die ganze Vielfalt menschlicher Emotionen.

ULRIKE MELZER

VERLOREN &
GEFUNDEN

Trotzdem ein Liebesgedicht

EDITION
SchreibStimme.

Bibliografische Information der Deutschen Nationalbibliothek: Die Deutsche Nationalbibliothek verzeichnet diese Publikation in der Deutschen Nationalbibliografie; detaillierte bibliografische Daten sind im Internet über dnb.dnb.de abrufbar.

Verlag: SchreibStimme. Kunath & Tóth, Uster
Umschlagbild: © Ulrike Melzer
Herstellung: BoD – Books on Demand, Norderstedt

ISBN: 978-3-9525558-1-1

Ich bin du. Du bist ich.
Wir sind eins mit dieser Welt,
haben einander vermisst,
verloren, gefunden.

INHALT

PROLOG

Ich:
Warum ausgerechnet die Erde?

Du:
Weil da Leben ist.

Ich:
Wie ist Leben?

Du:
Heiss, kalt, Lachen und Weinen.

Ich:
Das klingt schön!

Du:
Ja.

Ich:
Warum brauchen uns die Menschen?

Du:
Ohne uns sind sie bald nicht mehr da.

Ich:
Was können wir tun?

Du:
Wir retten sie.

Ich:
Wie?

Du:
Indem wir selbst zu Menschen werden.

Ich:
Oh ja, das will ich!

Du:
Ich gehe zuerst.

Ich:
Warum zuerst?

Du:
Wir müssen uns verlieren.

Ich:
Warum? Wir sind doch Eins.

Du:
Um zu begreifen, was es bedeutet, Mensch zu sein.

Ich:
Sie haben sich eine Stadt gebaut.
Eine Wüste aus Steinen.
Sich einander nicht vertraut.
Das Leben ein Kampf,

so sagt man.
Sie haben nicht an uns geglaubt.

Du:
Nicht an uns glauben?
Wie kann das gehen?
Wir sind sie, sie sind wir.
Können sie das nicht verstehen?

Ich:
Die Trennung in du, ich, wir, sie
hat ihre Stadt in eine Ruine verwandelt,
in eine Wüste,
einen Garten
und ein Meer.
Dann wieder alles auf Anfang.

Du:
Wir wollen eine neue Welt bauen,
in der es Trennung nicht gibt!
Wir müssen lernen und lehren zugleich,
wie man liebt.

Ich:
Aber wir werden fallen! Immer wieder.
Und während wir fallen, wird dein und mein Licht zu tausend Farben ins Unendliche fallen, keinen festen Boden erwarten, weil wir den nie brauchten.

Du, ich, alle. Wir waren EINS.
Tausend Farben – und doch sind wir einzigartig!
Ein Licht – und doch sind wir vielfältig.

Du:
Nie ohne dich, nie ohne mich.

Ich:
Nur jetzt,
dieses erste Mal,
empfinde ich den Sturz ins Leere ohne dich.
Ein kaltes, leeres Gefühl.
Wir brauchten nie Worte,
weil Worte trennen.
Was ist das für ein kaltes Gefühl?

Trennung,
so hast du es genannt .
Einsamkeit. Angst, Panik.

Du und Ich:
Ich wollt all das erleben.
Doch nun, kurz vor dem Aufprall,
will ich zurück.

Du:
Wir brauchten keine ...

Ich:
NAMEN
Wir waren ...

Du:
LIEBE
Ich will ...

Du und Ich:
KEINE NAMEN

Ich:
Ich erreiche die Erdatmosphäre.
Dann nichts mehr.

STADT

Ich erwache im Dreck. Stadt nennt man das. Grauer Beton um mich herum. Ich fühle das, was sie Angst nennen. Wo bist du?

Die Häuser machen mir Angst. Langsam stehe ich auf, klopfe den Staub aus meinen Haaren, aus meinen Klamotten, so nennt man das: Ich sehe eine zerrissene Jeans, ein Hemd, ich bin das, was sie hier weiblich nennen. Wer bin ich?

Ya Habibi, ayn ant, singe ich. Halt's Maul!, ruft eine Stimme aus dem Fenster über mir. Meine Mutter? Sie wirft Sachen aus dem Fenster: Verschwinde!

Ein Mann kommt aus dem Haus, stellt sich vor mich: Hau ab! Er hat eine Waffe. Was hast du gegen mich?, frage ich. Dann schreie ich, dann schreit er, läuft mir hinterher, ich laufe weg und besitze nicht mehr als eine Tasche mit ein paar alten T-Shirts, Hosen, und die Schuhe, die ich trage.

Ich steige in die U-Bahn ein, steige aus, folge der Musik, weil ich weiss, dass du dich hier versteckst unter der Erde in diesem unglaublichen Lärm. Du stehst da, als hättest du auf mich gewartet. Ich winke dir zu, du winkst verwirrt zurück, lachst. Wir gehen aufeinander zu, „endlich" rufe ich und umarme dich. Du bleibst in der Umarmung. Die Trennung verschwindet. Ich heule und lache zugleich. „Was hast du denn genommen", fragst du. Ich lerne: Ihr habt Gefühle, doch ihr versteckt sie. Wir sind in der Stadt und wir sehen uns dort, Nacht für Nacht, wir sehen uns und reden nicht. Du erinnerst dich nicht an mich. Du lebst am Tag, ich in der Nacht. Du hast Angst vor meiner Grenzenlosigkeit. Dann kommst du zu mir, mit deinen Freunden, um zu reden, zu schweigen oder mich zu verleugnen.

Die Stadt

Wir alle leben in der Stadt
eine einzelne Zelle für unsere Träume
draussen der Regen
nichts, was uns hält
überall Geschichte
Geschichten und zu viel Zeit
wir verschwenden sie
das einzige, was wir damit tun in Städten ist,
sie endlos zu dehnen
Zigaretten rauchen, trinken, Drogen, tanzen
abchecken und sich abgrenzen
reden und schweigen
Gewalt und Gefahr
Musik Musik Musik
du hast nie gesagt, komm wieder,
weil Zeit hier endlos ist
wir sehen uns an einem U-Bahnhof

in einem Club irgendwann, wenn es sein soll
bis dahin rauchen, schweigen, Musik
nachdenken, es zerdenken,
bis die Paranoia uns wieder beherrscht
wir kennen sie
keinen zu nah ran lassen
die Menschen neben uns brauchen wir nur
zur Sicherheit
Nähe macht Angst
wir lassen sie da, wo sie uns inspiriert
zu Musik Musik Musik
eine einzelne Zelle für unsere Träume
mehr brauchen wir nicht

Kleine Stadt

Die Stadt am Morgen
begrüsst mich mit Forderungen
stell keine Fragen, füge dich ein, rechtfertige dich

dein Gesicht
ein falsches
suche nach Zufluchtsorten und Verstecken
das ist Erwachsenwerden
in einer privilegierten Mittelklassestadt
das Akzeptieren von Demütigungen
gehört zum Aufnahmeritual
ich tue euch keinen Gefallen
sitze auf Dächern über der Stadt
und sehe klar
Gebete durchziehen die Luft mit
Nebelschwaden an einem Sonntagmorgen
du in der Wüste

deine Stimme im Alltag
Schatten
Berge im Nebel
drohende Fremde

Halbwissen als Code in der Stadt
Sehnsucht nach einer Tür mit Schloss und Riegel
ein Punkt hinter jedem Satz
Pause im Gespräch
komm
wir kaufen uns Meinungen
sag mir, was du brauchst
in der Stadt
kaufst du die Zeit
auf dem Weg in deine Tretmühle
und siehst mir kopfschüttelnd nach

Der Dichter

Der Dichter ist Seher
Gedichte tun weh, machen wach
setzen in Brand, gehen los

Der Dichter ist Hofnarr
bietet leichte Unterhaltung
und akrobatische Wortkombination
dem amüsierten Publikum
das sich freut über Zirkuskunststücke
und Castingshows

Lyrik, genossen wie Schokolade und Wein
die Macht der Poesie
Ophelia, ertrunken im Zweifel
doch des Zweifels überdrüssig
Wort-Seifenblasen
kunstvoll aneinandergereiht

wie die Perlen am Hals der Dame vom
Kulturverein
vorgelesen, langsam und auf Applaus hoffend
ein Schluck stilles Wasser, ohne Tiefgang
der Dichter ist Prophet am Laptop
Angst vor der Deadline
marktorientiert
bereit das Unsagbare auszusprechen
verhaltenes Klatschen am Ende des Tages
get the Party started

Bonjour / Bonsoir

Bonjour Tristessa
wir sind untergegangen
irgendwo
zwischen Herbst und Kälte
Pennern und geschlossenen Cafés
was hat sich verändert
die Klarheit der Nacht
die Einheit der Dinge und Menschen und
Gedanken
das Wissen schenkte uns Macht
auch noch zwei Wochen danach
dann kam die Kälte
morgens, wenn wir aufwachen
und da ist absolut nichts
auf das wir uns freuen können
der Abwasch in der Küche
die Tristesse des Alltags

Bonjour Desillusion
und die Angst ist auch wieder da
Bonjour
Angst, sich der Lächerlichkeit preiszugeben
Shame, wertlos
Millionen grauer geduckter Herren
wir reihen uns ein
Bonjour
am Wochenende schiessen wir uns ab
Selbstekel am Montag
ist das echt schon so lange her
das Vermissen ist ein dumpfer Schmerz
der an die eigene Sterblichkeit erinnert
also lieber den Spatz in der Hand
als die Taube auf dem Dach oder so
ach, scheiss drauf
Bonsoir

Im Block

Nichts bleibt bestehen
in diesen kleinen Wohnungen
die Treppen heraufsteigen
die Luft wird dünner
nichts, absolut nichts
eine Melodie
diese Musik kann man nur auf Drogen
ertragen
minimal
Sehnsucht nach Berlin
Mann, ist das einsam hier
gehen wir noch in die Stadt
und Stadt ist für uns ein Platz
ein Kasten Becks
und später noch feiern, egal wo
ist alles Scheisse, nur halbherzige Versuche
aber das ist schon ok

wir fühlen uns wohl im Mittelmass
sonst könnte man sich über nichts mehr
aufregen
doch das geht immer, sagt Malte

und er hat Recht
einen Grund zum Meckern finden wir auch
noch im Paradies
wie beruhigend
take money, go shopping
über was reden die Weiber immer passiert
doch nichts
wundert sich Tom
sinnlos, sagt Malte
es wird dunkel
wir gehen weiter
in die Nebenstrassen

zum Dönerladen neben der
Hinterhofmoschee
Geschäfte machen make Money
die Jungs sind müde

zwei Strassen weiter wohnt Jenny
geht schon mal vor, sage ich
ich klingele bei ihr und gehe wieder
klingele noch mal
sie steht am Fenster
der Kampfhund bellt
ihr neuer Freund ist Nazi
ich geh lieber nach Hause
Fernsehen Internet
keinen Bock Mails zu beantworten
keinen Bock
Starren aus dem Fenster

das Leben ist gleich
gültig
und fliesst vorbei
ich zähl die Stunden
die Ruhe ist laut
Angst vor dem Morgen
Zigaretten
Zigaretten
Schlaf

Junkie

Ich kann nicht mehr glauben. Ich fühle mich verlassen, doch ich habe dich durch ein Fenster gesehen, du warst nicht allein. Ich bin gegangen, doch wir haben nicht geredet. Du hast es vermieden mich zu erkennen und so laufe ich unsichtbar durch die Strassen. Auf Entzug, denkt jeder, der mich sieht. Sie wissen nicht, dass meine Droge die Hoffnung ist, die ich jeden Abend von dir bekam. Der Tresen hat dich beschützt vor den Leuten, die Härteres wollten als Hoffnung. Es gibt nichts Härteres. Hoffnung ist weisses Pulver, ist Adrenalin.

Es ist 1979. Alles ist grau. Wo ist die Rebellion, warum machen die Drogen keinen Spass mehr?

Jetzt sitzen wir in grauen Wartezimmern und der Glamour ist Methadon gewichen. Kein Sex, nur fremde Träume in der Wichskabine, Löcher in der Bahnhofstoilette, der Absturz ins glitschig-kalte Reagenzglas. Das neue Leben, desillusioniertes Kind. Ich wollte wissen, wer mein Vater ist.

Du bleibst kalt. Willst du noch was trinken?

Du wachst auf, es regnet. Du verkaufst mir himmelblaue Hoffnung.

Ach, die Jugend, wie süss, ahnungslos, wie ich mal war.

Bin ich das noch immer? Und du trinkst Hoffnung.

Mir wird schlecht. Ich sitze in grauen Wartezimmern. Überdosis Zucker, sagen sie mir, und du giesst Hoffnung in mein Glas. Alkohol ist Zucker. Kein Serotonin im Gehirn, nur im Darm, sitze auf Toiletten, während draussen das Leben passiert.

Wir lesen Zeitung und schreiben über versäumtes Leben. Und nun, da du mich verlässt, beginnt mein Herz zu schlagen. Adrenalin fliesst, ich lebe, winke fremden Menschen zu, froh noch am Leben zu sein. Ich glaube.

Babylon

Wo bist du?
Zurückgeblieben
Hinterbliebene der Konsumkritik
getröstet
geblieben
zurückgelassen im Kapitalismus
geliebte Hure
bleib bei mir
geh nicht
und der Tsunami
noch ein Erdbeben
ich bin so müde vom Spenden
Starren und Sehen
Blicke senken
Lösche das Feuer
I got you

Der Unterschied

Staub und Menschen
Ich rieche nach Andis Zigaretten
und lasse mich nieder in diesem Zug
Gerade noch entkommen
Du schliesst das Fenster auf der Suche nach
mir
Immer noch
Ich senke den Blick
Und habe inoffizielles Hausverbot in der
Stadt der bösen Blicke
Die Frauen hassen mich
Ich laufe schneller
Zu dem Haus in der Strasse, wo du wohnst
Ich verleugne deinen Namen
wenn wir am Feuer stehen
Sorry
Andi, Jenny und Wodka

Sicher in geschützten Räumen
In deiner Stadt
Seitdem ich dich liebe, gehört sie dir
Die Stadt der bösen Blicke
Und wenn ich auf Bahnhöfen warte
Bin ich nur zwei Strassen von dir entfernt
Und erhalte weiter Briefe von dem
Der du nicht bist
Du bist mir näher
Wenn nichts zwischen uns ist
Als die Kälte der Stadt
Die Endlichkeit der Nacht
Die Dummheit der Leute
Die uns zu Verbündeten macht
Du bleibst
Ich gehe
Das ist es, was uns trennt

Meine Freunde
Deine Fans
Der Unterschied
Staub und Menschen
Nähe und Enge
Fliehen und Entfremden
Offene Augen und für immer blind
Gefangen und gerade ausgebrochen
Den Zug noch erwischt
Du siehst mir nach und was du denkst
Weiss ich nicht
Denn in der Stadt der bösen Blicke
Wirst du vor mir beschützt

Namasté

Du im Flugzeug und ich bete für dich
Du an der Brücke
Namasté
Erinnere dich nicht an etwas
das nicht existiert
Namasté
Die Nacht gibt dir Mut
Bin ich genug, um die Stille zu töten
von der du abhängig bist
Ich warte auf nichts, denn du bist nicht da
Ich suche die Augen der Stadt, blind
Wir tragen Sonnenbrillen am Tag aus Angst
vor deinen Augen
Die Sonne geht unter
Der Schmerz wird leise
Schüsse auf mein Fenster
Ich beachte keine Termine, nicht deine Blicke

Ich redigiere Texte und sehe in die Zukunft
Mein Leben für uns und jeden Toten dieser
Stadt
Öffne die Tür: Gefahr
Ich sehe Touristen auf der Suche
Hungrige bitten mich um Brot
Dumme bitten mich um Wissen
Tote bitten nicht um Leben
Ich öffne deine Tür und bitte dich um einen
Sinn
Namasté
Wir suchen Medizin in den Augen der Bettler
und Süchtigen
Die Wahrheit wird uns finden
wir werden sein wie Kinder
spielend verloren
in Illusionen der Unschuld

Ich höre deine Worte und glaube ihnen nicht
Ich glaube an die Sonne und in deinen Augen
liegt die einzig gültige Wahrheit
Sie hat mich gefunden
Namasté

Danke

Danke, dass du mich verlassen hast
Ich sage
Willkommen in dieser grossen Stadt
Die eine Grenze in ihrer Mitte hat
Zuhause im Nirgendwo
Born and raised
Now and then
Undefinierbar und unseen
Keine Worte für Erklärung
Keine Worte für Goodbye
Keine Worte für
I gotta think it over
Oder
I gotta leave this town
Only Reaction: All the beautiful girls around
Die Frauen sind willig und haben niemals
Zeit

Das sind die Nachteile der Selbstständigkeit
Alles in dir ist zerrissen
Wolltest du nicht mehr bleiben
Nein
Doch es verfolgt dich
All the time
And no matter
Wieviel Alkohol
Und dann noch Mass halten
Wie viel Vernunft und Intellekt
Jetzt willst du wieder Kind sein
Hier bei mir
Nicht denken
Nur spielen
Und ich sage zu viel
Jedes Wort
Now

It ‘s enough
Den Zug hast du verloren und auch jeden
Halt
Deine Identität verloren
Unauffällig und fleissig
Nobody has ever seen
Your real face
Ich habe dich gesehen und das hat dir gefehlt
Das Zuhause ist bedroht
Jeder Tag eine Gefahr
Du liest niemals Zeitung
Nichts ist leicht
Ich sagte
Willkommen in dieser grossen Stadt
Sie gehört dir
Wenn du weisst, was du aus ihr machst
Doch du tust nichts

Da ist nur Leere
Den Abgrund fürchtest du nicht
Waist deep
Versunken in Desperation
Und ein Narr bist du
Das weisst du selbst
Schliess die Tür, wenn du gehst
Und hinterlasse keine Spuren
Danke, dass du mich verlassen hast

Kreuzberg

Vergiss doch den Hurensohn
Wenn du redest, ist alles still
Allein in meiner Wohnung
tanzt alles und singt laut
Wir sind zu laut für sie
Das Telefon schweigt
Ich will das verdammte Ding
aus dem Fenster werfen
Wo nichts ist, nur Nacht
Und alles lebendig in dieser Stadt
Nebenan eine Party
Autos, die vorbeifahren
Gruppen auf der Strasse
Morgen lese ich in der Zeitung
Wieder einer erschossen am Kottbusser Tor
Es ging um die Ehre einer Frau
Wie behindert

sich wegen einer Frau zu streiten, sagst du
Und
Was erwartest du, wir sind hier in Berlin
Dort, wo wir uns gestern verabschiedet
haben, ist jetzt Blut
Ich kauf mir ein Bier
Und fahr zwei Stationen zu dir
Ich muss die Härte lernen
Und ich lösche die Nummer vom Hurensohn
Der hat dich doch gar nicht verdient, sagst du
Liebe ist ein Scheissspiel
das du nur verlieren kannst
Liebe ist doch kein Spiel, protestiere ich
Du gehst Zigaretten holen
Wer ist das auf dem Foto, frage ich
Du sagst
die blöde Schlampe vom letzten Jahr

Die Leere bleibt
Leere ist alles, was sie hinterlassen haben
Der Hurensohn und die Schlampe
Die Welt ohne sie bleibt gleich

Habibi

Losgehen
sie mit einer Waffe bedrohen
alles vernichten, was dir heilig ist
die Tage sind lebendig und alles erlaubt
da fällt es dann kaum auf
wenn wir am Ende allein sind
in Berlin
auf unserem kleinen Planeten
Sterne, Mond und Musik
gib mir noch mehr Worte
wir schreiben im Rausch noch mehr
Melodien
unsere Sprache versteht ihr nicht
unsere Blicke seht ihr nicht
ich brauch keinen Club in Mitte
wenn ich hier Berlin am nächsten bin
sind wir eigentlich verrückt?

sind wir eigentlich verrückt zu glauben, dass
wir so weiterkommen?

Zwei unbekannte Dichter aus Kreuzberg
jetzt sind wir pleite
und die Nacht vorbei
wir haben uns nie gekannt, Habibi
fast habe ich Respekt
vor so konsequenter Selbstverleugnung

Karma

Über uns kannst du nicht schreiben
Fremder Besitz
Du kannst ihn dir nicht aneignen
Müde und kaputt in der S-Bahn nach
Mitternacht
Überdreht und glücklich auf dem Weg nach
Hause
Hast du zu viel gesehen?
Stille
Hast du zu viel gesagt, getan?
Alles nur Spass
Peinlicher Zwischenfall
Und ich schlage mir auf den Kopf, bis auch
der letzte Gedanke an dich zerstört ist
Bleib nicht
Töten, Unschuld
Was ist mit uns?

Als hätte es keinen Wert
und du sagst, es ist alles sinnlos
du hast es nur noch nie versucht, Bruder
politisch engagieren, wann, wo?
Hilflos zurückgelassen
schwarz, Arbeit, schwarz
Regeln, die Motherfucker
Ankommen
Door, opened
Wenn du zurückkommst
werde ich ein Feuer entzünden und hier sein
in dieser Strasse
Wenn du zurückkommst
ist Morgen da und die Mauer ein Teil unseres
Hauses

Du:
Ich habe keine Angst mehr, seitdem du da bist. Das macht mir Angst. Weil ich Angst war. Jetzt bin ich nichts mehr. Jetzt bringe ich mich in Gefahr. Geh bitte.

Ich gehe. In der Stadt sind Worte gefährlich. Nicht ich muss dafür bezahlen, du. Du fällst am Ende tiefer als ich.

Du:
Ich weiss nicht, wer du bist. Ich kann dich nicht lieben.

Ich:
Ist doch egal. Wir lieben uns. Hast du das vergessen?

Du:
Wo wohnst du eigentlich? Bist du obdachlos?

Ich:
Ja, wurde von meinen Eltern rausgeschmissen.

Du:
Komm mit, ich weiss, wie das ist.

Ich:
Ich suche meinen Vater, er lebt hier und arbeitet in einer Bar. Vielleicht weiss ich dann, wer ich bin.

Du setzt dir einen Schuss. Ich gehe und suche. Feige schleiche ich davon, ins nächste Leben. Vielleicht finde ich ein Zuhause, vielleicht bist du mein Zuhause ...

Ich falle.

RUINE

Ich wache auf mit meiner Wut. Unsere Stadt wurde zerstört, nur Ruinen sind geblieben. Ruinen von Denkmälern einstiger Errungenschaften. Meine Gefühle sind zu gross für diese Welt.

Ich will nichts aufbauen. Ich will zerstören, bis nichts bleibt von der Welt meiner Grosseltern. Ihr steht an den Gräbern eurer Kriegshelden, ich spucke auf diese Gräber.

Ich bin nichts Besonderes. Ich bin eine Frau. Eine weisse Leinwand, Projektionsfläche für euch. Ich ducke mich im Deckmantel anderer Frauen, aneinandergedrückt wie Pinguine auf der Scholle. Unauffällig in der Masse. So wünscht ihr mich. Sonst stosst ihr mich ins Wasser.

Ich habe schon früh erfahren, dass Fehler nicht sein dürfen, dass Ich nicht sein darf. Wenn ich rede, gibt es Ärger, also mache ich mich klein, unsichtbar, nehme alles in mich auf, euren Schmerz, der so laut schreit. Doch jetzt kann ich nicht mehr schweigen. Ich sehe!

Es ist Krieg und ihr bleibt voller Angst in euren Häusern, versteckt euch vor den Männern, die die Macht besitzen. Nach wie vor. Es ist kein Krieg mit Bomben und Waffen, es sind viele kleine Kriege. Kriege gegen alles, was weiblich ist, anders, von eurer Norm abweichend. Feminismus ist keine Errungenschaft, sondern eine Schublade, über die Mann lacht. Auch die Frauen. Wir alle lachen, wenn wir nicht ertrinken wollen.

Ich weiss, wie ich sein soll, doch ich bin es nicht mehr. Ich will finden, was ich verloren habe! Wir haben uns verloren in lieblosen Beziehungen, weil man uns erzählte, dass Liebe nur unter bestimmten Maximen funktioniert.

Meine Liebe ist nicht leise, sie ist LAUT und WÜTEND. Du und Ich, wir sind EINS. Männlich, weiblich, Yin und Yang.

Nicht getrennt von anderen Menschen. Nach der Zerstörung werden wir eine neue Welt bauen.

Spring!

Das Leben ist Glück, sagen sie. Mal regnet es, mal ist Sonnenschein, und wann was passiert, haben wir eh nicht in der Hand. Deshalb entscheiden wir nichts.

Sie mögen es nicht, wenn Entscheidungen getroffen werden, lass los, sagen sie, denn das Leben passiert. Sie halten es für Weisheit, ihre Weisheit auszublenden, abzugeben.

Ich habe meine Stärke an die Stärkeren abgegeben, weil ich daran glaubte, sie könnten etwas damit anfangen. Doch sie nahmen sich einfach immer mehr davon, sie ernährten sich von der Weisheit, der Stärke, der Freude, dem Licht anderer Menschen. Sie wurden davon fett und faul, wir wurden zu Zombies.

Deshalb sagen wir nicht sofort etwas. Weil wir die Regeln kennen. Weil es ein Bild in der Öffentlichkeit gibt und nur das zählt. Auch wir müssen unserem Bild entsprechen.

Wir sind cool, lustig, locker, wir machen kein Drama. Drama würde bedeuten, nicht zu funktionieren und als Spielfigur unbrauchbar zu werden.

Wohin dann mit uns?

Richtige Menschen sind wütend, haben eigene Meinungen und Emotionen. Die können sich das leisten. Ich wäre gern ein richtiger Mensch. Du nicht auch?

Wenn wir es später sagen, haben wir die Chance, nicht allein dazustehen mit unserer Wahrnehmung, denn der trauen wir nicht. Wir sind das Misstrauen gewohnt, seit unserer Kindheit. Irgendwann haben wir uns nach jedem

Gedanken gefragt, ob wir verrückt sind, und beschlossen, nur noch das zu denken, was alle denken. Die Starken in unserem Umfeld.

Wenn man nicht mehr weiss, was man denkt und fühlt, wie soll man da sofort reagieren? Wie und worauf? Wir wissen ja nicht mal, ob was passiert ist. Oder ob das nur eine normale Verabredung war, die nicht so gut gelaufen ist, und wir wieder alles dramatisieren aufgrund hormoneller Störungen.

Wir haben gelernt, dass es unendlich viele Möglichkeiten gibt etwas falsch zu machen und diese Mitte, zu der ihr uns immer führen wollt, zu langweilig ist.

Also warten wir ab, wie lange ihr uns aushaltet mit unserer Präsenz, bis wir euch langweilen, nerven, belästigen, schaden, verängstigen. Manchmal sucht ihr Trost, manchmal habt ihr Angst. Einfach nur davor, dass es uns gibt.

Wenn Menschen Entscheidungen treffen, sind sie unabhängig. Dann machen sie selbst Sonne und Regen. Dann ist egal, ob Frau oder Mann. Dann sind sie nur noch Mensch.

Ich habe mich entschieden. Ich kann nicht mehr zurück. Ich kann nicht Rücksicht nehmen auf deine Ängste oder die von irgendwem. Ich kann nicht mehr die sein, die dich nicht stört. Ich muss dich stören, um zu existieren. Damit wir existieren können.

Und du verstehst, dass deine Fehler sein dürfen. Dass du reden darfst. Oder schweigen. Dass du dich falsch verhalten darfst. Ich bleibe trotzdem. Ich sage nichts mehr. Ich bin nur ich selbst, stehe mit dir in der Sonne, im Regen, im Gewitter, im Sturm. Ich bin nicht mehr deine weisse Fläche, nicht mehr dein Geist, nicht mehr die, die du ausstossen, ignorieren und falsch verstehen kannst.

Ich lasse nicht los. Ich beanspruche mein Leben, mein Sein, meine Gedanken, meine Gefühle, meine Liebe.

Ich bin nicht weniger wert und ich habe keine Zeit, mein Leben verstreichen zu lassen.

Ich warte nicht auf dich. Ich sehe dich nur deutlicher. Du bist nicht weit weg, wie du glaubst. Du bist schon da. Neben mir.

Spring!

Geschlossene Türen

Ich will dich hassen, doch ich kann es nicht. Du kommst herein, begrüsst die Menge und die Menge begrüsst dich. Dein Bild ist schon fertig, es ist gelaufen, mir bleibt nur noch, meine Zigarette auszudrücken und zu gehen.

Sie wollen dich nicht kennen, sie sehen dich. Sie sehen dich ja jeden Tag so strahlend, so aktiv, so grosszügig. Irgendwann machst du die Tür zu. Wenn ich wiederhole, was du sagst, was du gesagt hast, glaube ich mich auf der sicheren Seite, doch ich bin hier nicht sicher bei dir. Du lachst laut. Du lachst mich einfach aus. Die Türen sind geschlossen, also kann uns niemand hören, also ist es nie passiert.

Ich öffne die Fenster, damit die Leute, die draussen vorbeigehen, wenigstens dein Lachen hören.

Dann habe ich Zeugen. Das hast du dir eingebildet, sagst du nun laut. Deine Fantasie ging mit dir durch. Und dann sagst du noch, dass es ja gerade meine Fantasie ist, die du an mir so magst, und dass diese Fantasie richtig eingesetzt grosse Kunst hervorbringen kann.

Doch leider nutze ich meine Gabe nicht, nutze sie falsch, um den Menschen zu schaden, denen ich wirklich wichtig bin. Du zählst die Menschen auf, denen ich wichtig bin, ich entdecke an deiner Hand eine Narbe, von einer Messerstecherei, erzählst du, lange vorbei, damals kanntest du so Leute, Rockerbanden, Drogenleute, die sind gar nicht so schlimm, wie alle sagen. Ich will nicht spiessig wirken, also sage ich, ja, daran denke ich jetzt. Guck mich doch mal an, wenn ich mit dir rede, sagst du laut und bestimmend, und zählst weiter: du nennst Namen von Leuten, zu denen ich gar keine Verbindung spüre, doch ich tue so, nur jetzt geht es nicht, liegt vielleicht am Alkohol, denn ich müsste sie mögen, sie sind ja alles, was ich habe. Kurz frage ich mich, ob es da draussen andere gibt, andere Menschen, oder ob es überall diese Einheiten gibt, wir gegen die da draussen, geschlossene Türen, überall.

Ich sei undankbar, sagst du, und ich fühle mich schuldig, das kenne ich, dieses Gefühl, ich kenne es gut. Du erklärst mir, dass du weder zu viel trinkst noch zu aggressiv bist, dass ich aber zu sensibel bin, dass ich härter werden, mich mehr anstrengen muss.

Ich hab dir mal vertraut, weil ich dir mal erzählt habe, was früher hinter meinen verschlossenen Türen passierte, du hast mich eingehüllt in dein Verständnis, mich bestätigt.

Du redest wie mein Vater, sage ich jetzt, nur schlimmer. Der, über den du immer geschimpft hast.

Du redest wie die Männer, die ich vor dir kannte. Du tust, was sie tun, und jetzt habe ich Angst wie in der Zeit vor dir.

Die Angst sei nur in meinem Kopf, sagst du, und dass ich mich beruhigen soll. Was trinken oder Tabletten nehmen, nur irgendwas, damit ich aufhöre rumzuspinnen. Alles könnte so schön sein, wenn ich nicht spinnen würde. Es gibt Leute, die mich genauso mögen, wie ich bin, sage ich.

Du lachst laut. Ja, weil die nicht jeden Tag mit dir zusammen sind. Wenn die dich richtig kennen würden ... Du versicherst mir, dass nur du mit meinen Macken umgehen kannst.

Kein anderer würde sich das bieten lassen. Schliesslich sind wir ja schon ewig zusammen.

Ich nicke. Komm jetzt, sagt er, und wir öffnen die Türen. Du grüsst die Nachbarn freundlich, legst vor den anderen den Arm um mich. Warum kannst du nicht immer so nett sein, frage ich. Bin ich doch, sagst du, du bildest dir das ein. Du seufzt. Warum kannst du nicht normal sein?

Du brauchst Geld. Denk dran, wer für dich da war in deiner schlimmsten Phase, sagst du mahnend. Ich gebe dir das Geld. Wohin gehst du, frage ich. Du musst was gegen deine Kontrollsucht machen, sagst du, bevor du mein Handy nimmst und meine Chatverläufe checkst.

Es wäre schön, wenn du mit diesen Leuten keinen Kontakt mehr hast, sagst du. Die waren nicht nett zu mir. Stehst du etwa nicht zu mir?

Dann gehst du. Ich bleibe zurück mit schlechtem Gewissen. Ich höre nichts mehr von dir. Nach zwei Tagen mache ich mir Sorgen und frage unsere Freunde.

Plötzlich rufst du an, um mir zu sagen, dass ich dich nicht kontrollieren soll. Am nächsten Tag erscheinst du während meiner Arbeit. Ich habe keine Zeit, sage ich. Na gut, wenn du mich nicht sehen willst, gehe ich wieder, ich hab nur jetzt Zeit, sagst du. Aus Angst, dich wieder drei Tage nicht zu sehen, sage ich zu. Du kommst und schaust mich nicht an, arbeitest am Computer. Ich will wieder arbeiten, du schreist: Da komme ich extra zu dir und du denkst nur an deine scheiss Arbeit!

Dann weinst du, erzählst mir von schrecklichen Erfahrungen aus der Kindheit, entschuldigst dich. Mach die Vorhänge zu, sagst du. Wenn die da drüben Kameras haben, sind wir morgen bei Youtube. Ich tröste dich, denn jetzt bist du mein Kind. Du bist schwach, hilflos und ich fühle mich sicher. Ich kümmere mich jetzt um dich. Ich schalte mein Handy aus, du liegst im Bett, ich decke dich zu, streichele dir über den Kopf, koche dir was zum Essen, ziehe die Vorhänge zu und schliesse die Türen. Du bist sicher hier. Dir kann nichts passieren.

Die Schuld

Es ist Sommer in Deutschland. Ich bin 16 Jahre alt. Wir besuchen Onkel Uwe in Hessen. Uwe möchte nicht verreisen, weil man ihn nicht lässt. Das Amt zahlt seine Miete nicht, nach der Wende gings bergab. „Für die Flüchtlinge ist Geld da, für mich nicht", diesen Satz kann er sagen ohne zu nuscheln. Er sieht mich dabei an, sagt meinen Namen, ich soll was dazu sagen. Ich sage nichts. Onkel Uwe fühlt sich trotzdem von mir verstanden. Für ihn bin ich kein Kind, weil seine bisherigen Freundinnen 16, 17 oder 18 Jahre alt waren. Die restlichen Äusserungen stösst er heiser hervor, wie Tierlaute klingen sie. Die Eltern verstehen trotzdem genug, um bei jeder dummen Bemerkung laut zu lachen.

„Die sollen mal was über die SS bringen", murrt Uwe und füllt die Cola mit Whiskey aus dem Lidl auf.

„Juden kann ich echt nicht ab", sagt er, „Boah, die kann ich echt nicht leiden. Die hamse doch nicht mehr alle! Sollten die nich nach Madagaskar? War eigentlich n guter Plan." Er nimmt noch einen Schluck aus der Whiskeyflasche. Wir fahren in den Wald. Die alte Schrotflinte nimmt er mit, hat sie auf dem Speicher gefunden. Er schiesst seinen Frust in den Wald und der Knall befreit mich, befreit das Gewitter in meinem Kopf.

Da darf kein Gewitter sein, sagen meine Eltern.

Ich soll nicht so böse Sachen sagen. Denn Gott sieht alles. „Uwe?" „Was?" „Meine Urgrossmutter war mit einem Juden verheiratet."

„Und hat se bereut, ne?“ Laut lacht er und grunzt dabei. Mein Vater lacht laut, meine Mutter lacht leise und verschämt mit. Wir wandern schweigend zum Aussichtspunkt und sitzen dann auf einer Bank. Onkel Uwe redet über Frauen, die er Weiber und dann Fotzen nennt. Jeder Satz beginnt und endet mit dem Wort Fotze.

„Mein Ex war ne Nutte, aber die konnte auch ficken wie ne Nutte. Na ja, aber fünfmal am Tag is mir zu viel.“

Dann erzählt er von einem neuen „Weib“. „In zwei Tagen fick ich die wech.“ Uwe lacht meinen Vater an, der lacht laut mit. „Ach Weiber“, sagt Uwe, „Weiber wolln doch immer was von uns. Sex oder Geld.“

Auf dem Rückweg regnet es. Das ist meine Schuld. Mein Vater sieht mich so strafend an. Schuld habe ich mir immer wie schwarzen Teer vorgestellt, ich sehe, wie schwarze heisse Schuld auf uns tropft, das habe ich so gemacht.

Es regnet dicke schwarze Tropfen vom Himmel und irgendwann sind wir alle darunter begraben.

„Warum besuchen wir den immer?“

„Seine Familie kann man sich nicht aussuchen“, sagen die Eltern. „Der ist doch lustig. Nimm doch nicht alles so ernst. So denken alle, er spricht nur offen aus, was alle in Deutschland denken. Wir wissen, wie wir ihn zu nehmen haben. Das musst du auch lernen.“ Onkel Uwe ist kein Antisemit. Er hält Hitler für ein Arschloch. Onkel Uwe ist kein Sexist. Der hat so viele weibliche Freundinnen. Onkel Uwe ist ein Frauenfreund. Er darf doch seine Meinung haben. Das ist ein freies Land. Demokratie bedeutet, alle dürfen ihre Meinung sagen. Und Onkel Uwe hat eben seine Meinung. Willst du etwa die DDR zurück?

Onkel Uwe verkauft Drogen, weil die Ausländer ihm die Arbeit weggenommen haben.

Er kommt zurück, um sich zu verabschieden. Die Polizei wartet vor seinem Haus. „Scheissdeutschland“ ruft er, dann fällt er um. Alkoholvergiftung.

Die Einsamkeit

1997

Wenn ich aus dem Fenster schaue, sehe ich die Nacht, der Himmel wird schwarz, neutral bleiben geht dann nicht mehr. Wenn ich jetzt rausgehe, muss ich damit rechnen, verprügelt zu werden, beschimpft oder irgendwas in der Art. Wenn ich allein in der Strassenbahn sitze, muss ich damit rechnen, ihnen ausgeliefert zu sein. Zivilcourage wird überschätzt, die gibt es schon lange nicht mehr.

Ich habe keine Angst vor Hass. Ich habe Angst vor Desinteresse, Gleichgültigkeit, denn es war immer diese graue, ätzende Masse aus Desinteresse, die allen Katastrophen und Grausamkeiten vorausging.

Nicht sie müssen sich ändern, ich muss es, sie sind ja nun mal da und wenn ich mich nicht etwas unauffälliger anziehe, bin ich selber schuld. Denn nicht das Böse muss weg, wir müssen weg, die es benennen und klar reden.

Wir haben keine Formeln und Ausflüchte, doch das wird von uns verlangt: Formeln, Ausflüchte, Gleichgültigkeit. Die anderen machen es doch auch so. Das ist der Slogan, der immer galt, immer gilt, in diesem Land. Danach geht nichts mehr weiter, wie dieser Tag.

Der ist jetzt auch vorbei, denn ich traue mich nicht. Vielleicht machen sie dann endlich mal was, wenn wir alle streiken, wenn wir nicht mehr am öffentlichen Leben teilnehmen. Die Gleichgültigkeit wird's schon richten. Das Gesetz des Stärkeren gilt.

1998

Ich steige in den Zug und sehe sie wieder, kein Funken Menschlichkeit in ihren Augen. Und ich weiss, was sie mit mir machen, wenn sie mich sehen. Die Bahn besteht aus unauffälligen Menschen, die nicht verstehen, wovor ich Angst habe. Sie sehen die Blicke nicht und sie verharmlosen, weil es nicht bekannt ist und weil es nur ein „hast du schon gehört" hinter vorgehaltener Hand ist. Das sind doch nur Rowdys, sagen die Omas, und die behäbige, satte, deutsche Mehrheit nickt träge. Es gibt keine Nazis mehr. Das sind nur Spinner und Spinner wird es immer geben. Als sie mich entdecken, stehen sie auf, ich bin allein, die anderen zählen nicht, weil ihr Film ein anderer ist. Gerade noch rechtzeitig hält der Zug und zuhause angekommen, schliesse ich mich im Badezimmer ein. Ich will nie wieder Angst vor einer Gruppe haben. Und es funktioniert, weil es keiner gesehen hat, nicht mal die, die bei mir waren. Das Gesetz des Stärkeren gilt. Und wenn mal wieder jemand verprügelt wird, zucken sie mit den Schultern und sagen: Das gab's schon immer.

Ich will nicht mehr Angst haben. Angst ist jetzt mein täglicher Begleiter, wenn ich Bahn fahre. Wir müssen sie verwirren, sagt mein Kumpel. Wir denken uns Strategien aus und ich glaube, das ist alles sinnlos, denn im entscheidenden Moment gilt nur noch das Recht des Stärkeren.

Einfach zu ihnen gehen, sagt der Kumpel. Hinein in die verbotenen Viertel und mit ihnen reden. Ich werde wütend, weil er so naiv ist. Und weil ich nicht reden will. Wir sind schwach, sie sind stark, sage ich. Du wirst verprügelt und die Erde dreht sich weiter, sogar, wenn du stirbst.

1999

Das, was sich vorher auf zwei Seiten abspielte, ist nun überall. Sie reden von einem starken Mann, den wir brauchen. Eine Person, die uns sagt, was wir tun sollen. Einer führt, die anderen folgen. Die Aussagen gleichen sich auf allen Seiten. Die Aussagen bestehen nur aus einzelnen Wörtern, die ohne Zusammenhang herumfliegen. Niemand bemerkt den Widerspruch. Ich bin allein.

Jetzt

Ich kann die, vor denen ich mal Angst hatte, nicht hassen. Weil sie nicht mehr lange leben werden, an ihrer Sucht und ihrem Hass ersticken.

Jetzt habe ich Angst vor allen, weil die Gleichgültigkeit sich mit dem Hass vermischt hat. Nicht mehr eine Gruppe starker Männer, die Schwache einschüchtert. Jetzt sind es alle, jetzt sind Hass und Desinteresse eins. Und weil ich jetzt vor allen Angst haben müsste, habe ich vor niemandem mehr Angst. Nur Angst davor, selbst eines Tages gleichgültig zu werden. Deshalb möchte ich kein „Wir". Keine Gruppe mehr. „Wir" gab es nie, denn wir waren immer vereinzelte Individuen, wir stören, weil wir nicht mehr sind. Wir sind wenige. Und das ist gut.

Die Unruhe

Die Unruhe kann niemals ein Fixpunkt sein.

Die Unruhe kann niemals ein Ausgangspunkt sein.

Es beruhigt mich, wenn meine Finger auf der Tastatur umhertippen.

Doch ich tippe nur Blödsinn. Buchstaben, Wörter, die nichts miteinander zu tun haben.

Warum machst du mich ruhig?

Du bist doch die Unruhe.

Warum wirst du zum Fixpunkt, zum Schwarz im ewigen durcheinander verschiedener Farben und Muster, die nichts miteinander zu tun haben?

Wie kannst du so ruhig sein inmitten deines eigenen Chaos'? Aber du sagst, dass die Unruhe ein Teil von dir ist.

Und wenn ich deine Unruhe zu Kunst mache, wird alles wieder geordnet und normal.

Wir konnten auch diesmal nicht unsere Probleme klären. Resigniert stehe ich auf und du erklärst mir, dass die Ruhe lediglich die andere Seite der Unruhe ist.

Dein Schwarz ist auch dein Weiss.

Ich weiss noch immer nicht, wer ich bin.

Dieses Land eignet sich nicht als Wirklichkeit, weil es sich selbst verloren hat, so wie du mich immer wieder um dein Selbst anbettelst, Nacht für Nacht, doch ich kann es dir nicht zurückgeben.

Du hast es verloren und immer, wenn du dich selbst verlierst, verlierst du auch mich.

Ich habe wohl doch eine Ordnung in mir.

Bin wohl doch mehr Realität, bin für dich dein Ausgangspunkt.

Da sitzen sie: ein Publikum für dein Chaos.

Wir schreiben darüber, wir reden darüber und in diesem Moment wird alles geordnet und klar.

Du willst mich nicht sehen.

Denn in diesem Moment werden wir, wirst du, abstrakt. Ich habe dich in Kunstfiguren aufgeteilt, doch wer bist du wirklich?

Wer zur Hölle bist du?

Das macht mich unruhig. Es nicht zu wissen.

Sie haben uns nie etwas erzählt. Du glaubst, es sei unsere Aufgabe, ihre Aufgaben zu beenden.

Verletz mich weiter, so wirst du die Wahrheit nie finden.

Ich sage dir, lass es sein. Es ist gut. Du wirst die Wahrheit so nicht finden.

Ich lasse dich in deinem Wahnsinn allein.

Ich sage dir, wir müssen es nicht lösen, dieses Rätsel, das sie uns hinterlassen haben.

Wie wäre es, wenn wir gar keine Rätsel mehr lösen müssten? Stell es dir vor.

Das, was war, kann im alten Leben bleiben.

Wir haben noch etwas Zeit im neuen. Nutzen wir sie.

Narzissten und Kakteen

Ich bin es gewohnt, von Narzissten umgeben zu sein. Ich habe mich daran gewöhnt, dass es überall sticht, wenn ich die Hände ausstrecke, um etwas zu berühren: Menschen, Dinge, die Welt. Ich berühre sie und es tut weh. Aua. Nur ein ganz kurzer, banaler Schmerz, nicht der Rede wert, wenn man sich erstmal an ihn gewöhnt hat.

Alle fühlen sich politisch verfolgt. Dabei sind sie nur gratismutig und wenn sie ihre Meinung sagen, passiert ihnen nichts. Da gibt es keinen Stich, weil sie um das, was sie sagen, Narzissen wachsen lassen.

Ich dachte mal, Narzissen sind seltene Blumen, bis ich herausfand, wie gewöhnlich sie sind. Sie wachsen überall, tarnen sich aber oft.

Ich halte sie für andere Blumen, gern wären sie prächtige Rosen, sind aber nur gelb, oft gelb vor Neid.

Doch sie sind überall. Ich bin nicht frei, wir sind nicht frei. Wir können sagen, was wir denken, doch es wird nicht verstanden, falsch verstanden.

Sie sind daran gewöhnt, Kakteen zu berühren, auf Kakteen zu treten, so sehr, dass sie es nicht merken. Sie kämpfen gegen das Unrecht, ohne zu merken, dass sie selbst im Unrecht sind.

Die Kakteen sind ihr Alltag und ohne Kakteen wäre es ja auch irgendwie langweilig. Sie glorifizieren den Schmerz und bagatellisieren ihn gleichzeitig, weil es kein schlimmer, herzzerreissender Schmerz ist.

Alles lässt sich aushalten und darin liegt das Problem, im Aushaltenkönnen. Wer ist auf die Idee gekommen, dass es gut ist etwas auszuhalten? Wir sind den ganzen Tag lang nur am Aushalten. Lächeln, trotzdem. Wir können uns jetzt nicht mit dem anlegen. Die Narzissen blühen laut, wenn wir reden. Wenn wir ein freundliches Gespräch fühlen, piekt es nur so ganz leicht, das merkt man kaum.

Vor Veranstaltungen wird Salbe und Pflaster verteilt, damit lässt es sich leben.

Du machst dich gross, stark, blähst dich auf, mein Lieblingsnarzisst. Dann gleichst du fast einer Rose.

Es gibt zwei verschiedene Formen von Narzissmus: Der, den du verstehst und siehst, und den echten. Du vernebelst die Luft, wenn du Narzissen rot anmalst und behauptest, es seien Rosen. Friedlich zuhören, manchmal wünsche ich mir das und sehne mich danach.

Ich schlage ihr die Pflaster und die Salbe aus der Hand, ich gelte als Krawallmacher. Du spinnst, sagen sie, es gibt keine Kakteen. Doch ich sehe und spüre sie doch täglich, diese verkackten Kakteen.

Ich sehe Narzissten mit riesigen Narzissensträussen in der Hand. Diese Menschen können doch nichts Böses wollen, sagen sie alle um mich herum, und sie stechen zu mit ihren Kakteen, denn Narzissmus ist ansteckend.

Ich könnte etwas sagen, das geht schon. Ich würde dafür nicht ins Gefängnis kommen. Man würde mich dafür auch nicht schlagen. Jedenfalls nicht physisch. Ich wäre einfach nicht mehr da. Es gibt mich nicht mehr. Ich werde nicht gehasst, nicht beschimpft, aber vielleicht trampeln sie über mich drüber, weil sie mich unsichtbar gemacht haben. Das kann schon sein.

Ist das besser? Nein. Manchmal wünsche ich mir, angerempelt zu werden, nur kurz, oder mit Tomaten beworfen, wenn ich auf dem Balkon stehe. Das wäre schön.

Man hat mir ein Merkblatt gegeben, da stand drauf, was ich tun muss, um nicht unsichtbar gemacht zu werden. Einfache Regeln. Ich muss nur gewisse Funktionen erfüllen, ganz einfache Sache. Habe ich keine Funktionen, leiste ich keinen Beitrag für diese Gesellschaft, bin also nicht mehr da. Logisch.

Die Narzissen leuchten so schön gelb und die Kakteen stechen. Was kannst du?

Du musst auf dich aufmerksam machen, sagen sie den Kindern, du darfst nicht leise und ruhig sein, dann erfüllst du die Funktion nicht.

Die Frau muss doch irgendwas sein, etwas darstellen, was ist so schwer daran zu verstehen?

Schön sein, aber auf die gewünschte Art, ordentlich, angepasst oder lieb, ausgleichend und diplomatisch. Mütterlich. Streng. Nicht Mensch.

Wir haben schon Menschen, sie heissen Männer.

Der Hass

Ich hasse dich, weil du lebst. Was machst du da draussen in der Natur, hey, was denkst du dir dabei, lebendig zu sein?
Wozu brauchst du Gefühle, Gefühle haben mit Logik nichts zu tun. Binde deine Haare zusammen.
Wasch dich, verdammt nochmal, und sag es, sag es doch einfach.
Ist das so schwer?
Sag die Parole, egal ob du daran glaubst, es sind doch nur Worte.
Worte haben keine Macht.
Was redest du da für Scheisse, was soll das Dummgelaber? Menschen entwickeln sich nicht weiter, du kannst dich nicht verändern, du bleibst immer gleich.
Wir bleiben alle, wie wir sind.

Sprich mir nach: Wir bleiben stehen. Sag es.
Sag es einfach.
So schwer ist das doch nicht.
Hör auf, hör auf zu lieben, das ist so lächerlich.
Es gibt keine Liebe, nur Hormone.
Warum muss ich plötzlich heulen?
Ich bin wütend auf dich, so wütend, weil du lebst, liebst, atmest, atmen darfst.
Hab endlich Angst vor mir, Panik.
Keine Zeit zum Entspannen, Durchatmen.
Setz dich in die überfüllte U-Bahn und schlag jedem in die Fresse.
Kannst du die Verachtung sehen?
Kannst du den Hass fühlen?
Kannst du Verachtung fühlen?
Existieren darfst du. Das darfst du, ja, das

darfst du.
Ich brauch dich, um dich zu gebrauchen. Nutzen wird beachtet, Gefühle verachtet, verachte, was du fühlst, bis du nichts mehr spürst.
Ich hab Hass in mir und der muss raus.
Es ist nicht mein Hass.
Ich soll den Hass verbreiten, hat man mir gesagt.
Das geht ganz einfach, ganz schnell.
Den freien Willen gibt es nicht, hab ich dir doch gesagt.
Du kannst mich nicht fühlen, weil ich nur Körper bin, und der zerfällt zu Staub.
Also was?
Was willst Du?

Der Mann

Ich hab mich gerade waxen lassen. An meinem Körper ist kein störendes Haar mehr. Nur auf meinem Kopf. Weibliches, natürlich gefärbtes, blondes Haar. Ich dufte dezent nach Parfum, um zu signalisieren: Ich achte auf mich.

Wenn ich morgens neben meinem Mann erwache, sehe ich auch gut aus. Ich gehöre nicht zu den nervigen Frauen, die stundenlang im Bad brauchen. Deshalb trage ich Permanent-Makeup. Der Mann muss nicht alles wissen, ein Geheimnis macht eine Frau interessant.

Er muss auch nicht wissen, dass ich manchmal esse. Doch, manchmal schon. Er mag es nicht, wenn ich zu dünn bin. Neurotische Frauen, mit denen er nicht essen gehen kann, findet er anstrengend. Also esse ich Pizza mit ihm und seinen Freunden, reisse auch mal einen dreckigen Witz. Dann ist er stolz. Ich esse nur eine halbe Pizza und mehr als ein Witz geht gar nicht, sonst findet er mich verfressen und ordinär.

Gestern hat er sich über mein schlechtes Allgemeinwissen beschwert. Ich las Zeitung, legte mir eine Meinung zu und lernte Chinesisch. Das war ihm too much. Ich habe daraus gelernt: Jetzt mache ich ab und zu eine intelligent klingende Bemerkung, damit sich der Mann gut präsentieren kann, und alles ist gut.

Ihm fehlt das Feuer in unserer Beziehung, hat er gestern gesagt. Er brauche eine Frau, die ihm auch mal Kontra gibt, sagt er. Also fing ich einen Streit an, gab dann nach, weil Frauen klüger sind, machte sauber und empfing ihn am Abend im Domina-Outfit.

Das liebe ich so an dir, sagte er. Du bist unschuldig und gleichzeitig ein böses Mädchen.

Wir sitzen im Park, er seufzt. Ich bekomme Angst – sitzt mein Lidstrich eventuell nicht perfekt?

Ich frage nicht, was los ist, denn er will nicht kontrolliert werden.

So geht es mit uns nicht weiter, sagt er. Du lässt dich gehen. Eine Beziehung funktioniert nicht, wenn nur einer gibt.

Was stört dich an mir, frage ich.

Sieh dich doch an, antwortet er. Dein linker Schuh ist dreckig. Er hat recht. Wie immer.

Oh mein Gott, was soll ich jetzt nur tun?, frage ich leise. Es ist ja nicht nur das. Ich vermisse die Tiefe in unserer Beziehung. Du bist mir zu perfekt. Ich brauche eine richtige Frau. Eine, die auch Ecken, Kanten und Kurven hat.

Ausserdem riechst du nach Gummi.

Er geht.

Ich warte auf Trauer, doch ich fühle nichts. Auch das Sprechen habe ich verlernt.

Ach, Barbara, sagt der Mann, du kannst doch gar nicht sprechen. Du bist doch nur eine Gummipuppe. Eben, eine Frau.

Das Gute im Menschen

Die Frau kocht, dann macht sie sich schön für mich. Wenn sie redet, ist das Musik in meinen Ohren. Ich kann das Radio jederzeit ausschalten, wenn es mich nervt, ich geb der Bitch eine auf's Maul, wenn sie mich nervt. Ich habe grossen Respekt vor ihr. Reden ist wichtig, sehr wichtig.

Das Wichtigste für mich ist Sex. Wenn sie nicht sofort will, ist das nicht gut, denn dann betrüge ich sie und ich bin kein Betrüger. Ich habe Werte. Ich bin sehr verantwortungsbewusst. Wenn sie schwanger wird, bin ich für das Kind da. Sie muss mich zufrieden machen, sonst werde ich böse. Doch das bin nicht ich. Mein wahres Ich ist nett. Ich kann dich verstehen, sage ich zur Frau. Ich liebe sie, aber ich habe meine letzte Beziehung noch nicht verarbeitet.

Ich weiss nicht, was ich will. Wenn sie nicht will, kann ich mich nicht verlieben, doch Frauen haben keinen freien Willen. Jetzt haben wir uns schon zweimal getroffen, sie will immer noch nicht. Man muss Frauen manipulieren, das ist nicht schlimm. Alle denken so, ich sprech's nur aus, isso!

Du weisst, wie's ist.

Sie hat Angst vor mir, warum? Ich möchte ihr helfen, diese Angst zu überwinden, ich helfe gern, ich bin ein guter Mensch. Ich habe nie Angst. Ich rufe sie immer wieder an, jede Stunde, ich schick ihr zehn Whatsapp-Nachrichten am Tag. Warum ignoriert sie mich, diese Schlampe?

Wir könnten doch Freunde sein, hab ich ihr vorgeschlagen. Sie wollte nicht. Na ja. Frauen haben keinen freien Willen. Wenn sie nein sagen, meinen sie ja. Als sie angerufen hat, bin ich nicht rangegangen. Ich habe schliesslich auch noch ein Leben.

Sie hat kein Leben, sie hat nur mich, sie braucht mich, warum geht sie nicht ran, diese Hure?

Ihr Job ist ganz nett, doch wenn wir heiraten, braucht sie den nicht mehr. Ich würde ihr die Welt zu Füssen legen, sie weiss gar nicht, was sie verpasst. Ich weiss nicht, ob ich eine Beziehung will, ein Mann braucht seine Freiheit. Wir könnten Freunde sein. Sie liebt mich, warum geht sie nicht ran?

Sie hat psychische Probleme. Ich weiss, ich sollte mir eine normale Frau suchen, ich bin einfach zu nett. Ich will immer helfen. Ich will ihr helfen, ich verehre sie, meine Königin, die schönste Frau der Welt, ich will ihr alles geben. Wir können ja befreundet sein. Es ist spät, ich will, dass sie jetzt sofort vorbeikommt. Sie hat doch nichts vor, das arme Ding.

Ich hab sie nicht gezwungen, so hart würde ich das nicht ausdrücken. Ich wollte ihr helfen sich zu öffnen, Gefühle zuzulassen. Ich bin dauergeil, ich brauche meine Befriedigung. Ich bin dauergeil, ich brauche meine Befriedigung. Ich bin ... Ich bin ... Ich bin ein guter Mensch, meine Familie ist mir wichtig. Und Spass. Und Geld. Ohne Geld kein Spass. Geld allein macht nicht glücklich. Ich fahre durch die Stadt und höre Sean Paul. Dann bin ich gut drauf. Ich glaube an das Gute im Menschen.

Der Künstler

1.

Die Wut darf nicht sein, sagen sie, und ich liege am Boden in einem schwarzen Kleid und lache. Ich halte das für Kunst.

Wenn sie kommen, kommen sie in Gruppen. Wenn sie kommen, sind sie viele. Sie stehen eng zusammen, so eng, dass ich nicht durchkomme. Sie sagen, komm herein, versperren gleichzeitig den Weg und lachen dann. Lachen einfach alle aus, die hereinkommen wollen, weil sie wissen, dass es nicht geht. Natürlich geht es irgendwie, sieht aber lächerlich aus.

Sie geben mir immer ein schlechtes Gefühl, jedes Mal, ich möchte mich schütteln und wieder gehen, weil sie entwerten, weil sie in Stücke reissen, weil sie sagen wir und die.

Du sagst, ich mache Kunst aus Angst vor dem Tod. Die Kunst ist der einzige Beweis für die Ewigkeit.

Kunst ist, wenn wir sagen, dass ein Buchstabe auf einem weissen Blatt Papier Kunst ist. Wenn wir etwas gemacht haben, das nie fertig geworden ist, und sagen, das soll so. Sie machen nichts Grosses, sie sagen nichts aus, sie bringen nichts zu Ende, sie hassen nichts und kritisieren alles, sie nehmen die Bedeutungen weg, weil sie Bedeutungen, Aussagen und Richtungen nicht mögen.

Sie wollen nicht ankommen, sie wollen nicht Bescheid wissen, sie wollen sich ewig im Klein-Klein ihrer Männerbündnisse verlieren.

Sie wollen die Dualität nicht, weil sie trennt, doch sie trennen schon längst, sie teilen ein mit ihrem Spott, der ihnen nicht bewusst ist, weil ihnen gar nichts bewusst ist.

Sie schreiben herzzereissende E-Mails mit bedeutungsschwangerem Inhalt, sie malen Herzchen, sie tun so, als ob es doch eine Bedeutung gäbe, sie schreiben liebevolle E-Mails.

Wenn wir sie auf der Strasse sehen, gehen sie vorbei, sie schauen in die andere Richtung, sie tun so, als ob wir uns nicht kennen.

Sind wir ihnen peinlich? Vielleicht.

Sie kritisieren uns härter, weil wir nicht dazugehören, wir fragen uns, woran das liegt. Vielleicht an unserer Kleidung, unserem Haar. Wir wissen es nicht.

Wir wissen nur, dass unsere Kunst ihnen einen Grund gibt, uns anzustarren wie etwas Fremdes. Wir sind fremd, nur da, um ihnen, die keinen Gegensatz wollen, doch etwas Dualität zu geben, ihnen, die keine Dualität ertragen können. Doch was wären sie ohne uns. Ich muss mich dazu überwinden, diese Tür zu öffnen. Ich muss mich dazu überwinden, die spöttischen Blicke auszuhalten. Die Blicke, die mir sagen, ich will nicht mit dir reden, niemals, weil du nicht etwas bist, mit dem ich mich auseinandersetze.

Kunst ist, wenn wir das Unfertige raus in die Welt schicken und die anderen damit etwas machen und es definieren. Wir sind das Unvollendete, Material, durch sie zur Kunst werdend.

Wenn wir unsere Rolle bekommen, ist alles so, wie es sein soll. Wir sind Geliebte, Ehefrauen, Musen, Assistentinnen. Wir bewahren, behüten, umsorgen, machen möglich, helfen, sehen aus. Du stehst in einer Reihe mit ihnen, du wartest auf deine Rolle.

Wir geben euch was zum Denken. Wenn wir schlechte Kunst machen, könnt ihr darüber herziehen. Das ist doch auch was.

Du bist ganz anders, wenn du allein bist. Dann bist du das Kunstwerk. Dann wirst du fertig. So bleibt nur eine offene Frage und unvollständiger Text, Pinselstriche, eine vermüllte Wohnung, die als Installation bezeichnet wird, ein Fragment. Mit ihnen bist du eine einzige Frage.

Mit ihnen bist du das Teilchen in der Masse, mit ihnen bist du die Masse. Mit ihnen bist du irgendwas mit Kunst.

2.

Ich war die ganze Nacht wach, Kerzen vor mir, die Vorhänge geschlossen, draussen der Sommer, Geschrei um nichts, es ist egal, wo wir sind.

Ich bleibe wach und bete. Ich schreibe, ich male, das ist Gebet, der Versuch, telepathisch zu klären, was mit Worten unverständlich blieb. Doch Worte fehlen mir. Am nächsten Morgen kommen und gehen die Menschen in diesem grossen Haus. Vorhänge flattern, ich rede mit einer Frau, die nicht reden kann, über die neue Espressomaschine.

Das geht immer. Reden über Realitäten. Weil Kunst nicht real ist, das sagt man uns immer wieder. Kommen und gehen, alles egal, alles erstickt im Fatalismus. Sie sind mir fremd, weil sie Monologe halten und Monologe als Reaktion erwarten. Keine Fragen, kein Interesse. Sie taggen sich auf Instagram und machen Kunst, die nicht spricht so wie sie. Ich öffne die Vorhänge, öffne die Tür, ich gehe raus im Nachthemd mit Laptop. Der Künstler sitzt auf dem Balkon im weissen T-Shirt und Jeans, rauchend, wir kennen nicht unsere Namen. Wir nennen uns einfach du. Er malt. Er stellt nicht aus. Er malt einfach. Wir sind sowas wie Arbeitskollegen. Manchmal bringe ich ihm Farben und Pinsel mit, manchmal bringt er mir Kaffee und Zigaretten mit, so wie jetzt. Ich reiche ihm den riesigen Becher, starker Americano aus dem Coffeeshop nebenan, viel zu teuer, doch das ist unser Deal. Ich besorge das Material, du den Kaffee. Du willst nichts, du kannst nichts, du denkst. Du redest. Du bist.

Ich bin drinnen. Ich verstecke mich. Meine Kunst ist im Raum, du nimmst den Raum ein. Deine Worte hört jeder, doch sie hören nicht hin. Ich fange deine Worte auf, deshalb wartest du auf mich. Sie sehen nicht, was ich tue. Du bist eine Projektionsfläche. Ich mache dich zur Realität.

Du fragst nicht, du drängst nicht. Du weisst, ich komme irgendwann ins Licht.

Ich bewundere dein Leben, nicht deine Biographie.

Wir diskutieren verschiedene Formen der Nichtkommunikation:

1. Einfach nicht antworten. Monologe zur Kenntnis nehmen. Du vergleichst diese Gespräche mit der Beichte. Nur ohne Absolution.

2. Monologisieren und dann das Gespräch abbrechen. Sprachnachrichten auf Whatsapp.

3. Sich ins Wort fallen. Interpretieren, statt zuzuhören.

Während wir reden, stehst du auf, raufst dir die Haare, zerstörst alle Gegenstände, die auf dem Tisch stehen, reisst Blätter aus den Pflanzen unserer Mitbewohner, sitzt mal neben und mal vor mir.

Du gestikulierst, deine Augen passen sich den Gesprächsthemen an, wechseln von Blau zu Grün, leuchten und werden ruhig, wenn das Gespräch ruhig wird, du reflektierst, denkst leise nach, wirst wütend laut, lachst. Kein Smalltalk, es geht direkt los. Du redest so wie ich schreibe. Du willst Geschichten hören von Menschen, die sich getraut haben.

Ich erkläre dir, warum es einen Unterschied gibt: Wenn wir Kunst machen, geht es darum, eine Stimme zu haben. Und dann hört man diese Stimme. Es ist nicht die Stimme meines privaten Ichs, es ist die Stimme der Künstlerin. Die interessiert aber nicht. Gebe ich nichts von meiner Person, existiere ich als Künstlerin nicht.

Frauen werden nicht durch die eine schreckliche Tat zum Nichts gemacht. Es ist ganz klein und nebenbei und banal: Wir reden nicht mit ihr. Ihre Meinung ist uns egal. Sie soll schweigen, wenn Männer reden. Wir können das ganz sanft: Wir ignorieren. Hat sie ein Problem, machen wir es lächerlich. Wir entwerten ihre Kunst mit einem abwertenden Spruch, den wir so locker nebenbei herauslassen, bloss nicht zu viel Energie verschwenden auf die Frau. Im Gegenzug idealisieren wir die echte Frau, die unseren Erwartungen entspricht. Idealisieren, entwerten, immer im Wechsel.

Gestern war ich mit meinem Vater, meinem Bruder und meiner 12jährigen Nichte im Park, erzähle ich dir, wir kamen an einer hässlichen Statue vorbei: Eine nackte Frau mit Löwenkopf. Daraus entstand eine hitzige Diskussion über die Darstellung der Frau in der Kunst. Meine Nichte sagte frei heraus, wie es nur Kinder können: „Warum ist eine nackte Frau Kunst?“ „Warum wird der Frauenkörper als Objekt benutzt?“, frage ich. Als Dekoration. „Frauen sind nun mal schön", sagt mein Vater, „Männer nicht. Könnt ihr euch doch freuen." Mein Bruder nickt: „Eben, freut euch doch. Aus diesem Grund geht er ja auch in'n Puff. Weil Frauen schön sind, als Dekoration funktionieren und nur so, selbst kein Begehren haben. Frauen sind der Mond und wir die Sonne", erklärte er, „deshalb müssen Frauen rumgekriegt und gejagt werden. Und eben weil Frauen nichts aus sich selbst heraus erschaffen können, kann es weibliche Kunst nicht geben. Sie beziehen sich ja immer auf Männer."

Ich soll meine Weiblichkeit endlich annehmen, sagen sie. Die Weiblichkeit gehört ins Dunkle, Verborgene, sagen sie. Ist empfangend, passiv. Zuhörend, aufnehmend und harmonisierend. Sagen sie. Die Männer. Mein Vater, mein Bruder.

Weiss ich doch, weiss ich doch, sagst du.

Aber niemand verbietet dir abzuhauen, das ist der Punkt. Wohin denn abhauen?

Na weg von der Scheisse.

Die ist doch überall.

Ich zum Beispiel, ich hab seit Jahren das gleiche Ziel. Ich will mich auch nicht mehr verstecken. Jetzt habe ich genug Bilder für eine Ausstellung.

An dein Ziel kann ich mich auch noch erinnern. Du wolltest kompromisslose Kunst machen und jetzt hast du Angst davor.

Am Ende einigen wir uns immer auf die Freiheit. Wenn ich könnte, wäre ich längst weg. Ich würde meine Bilder nehmen und abhauen, sagst du.

Warum machst du es nicht, frage ich.

Das ist nicht so einfach ... Du redest von Gebundenheiten und Verantwortung. Wenn einer feige wird, muss der andere das Gespräch beenden, so haben wir es vereinbart. Ich will gehen, doch du hältst mich auf, um mich zu fragen, warum ich noch immer hier bin. Was ist mit deinem Ziel, fragst du. Ich hatte mal ein Ziel, sage ich, du lächelst mich etwas spöttisch an. Du hast doch immer noch das gleiche Ziel, sagst du. Weisst du denn, wo du hinwillst, frage ich skeptisch. Klar, sagst du mit einer Selbstverständlichkeit, die mich vollständig aufweckt. Diesmal gehst du nicht, weil ich feige bin. Du willst nur dein Ziel erreichen. Warte, rufe ich. Ich komme mit. Was ist das Ziel?

Dürfen wir uns erst dann Künstlerinnen nennen, wenn wir uns nicht mehr auf jemanden beziehen? Ich lese „Die Leiden des jungen Werther" von Goethe und „I love Dick“ von Chris Krauss im Wechsel. Tod und Auferstehung am Ende, Mann und Frau, die ohne Liebe nicht existieren könnten. Doch danach geht es weiter. Alles lieben, Mann, Frau, Welt, Menschen. Alles ohne Ausnahme. Sich auf alles beziehen. Durch einen Menschen alles sehen. Bis wir am Ende keine Grenzen mehr sehen, weil da nie Grenzen waren.

Die Faust

Es ist lange her, zu lange. Ich versuche mich an das letzte nette Wort zu erinnern, du sagst, das war doch gestern, ich kann mich nicht erinnern. Die Whiskeyflache auf dem Tisch, daneben der Spiegel mit der Line, ihr fahrt mit der Whiskeyflasche zum nächsten Auftrag, wenn du zurückkommst, bist du normal.

Du schreist, ich hasse dich, du sagst, den knall ich ab. Zwischendurch bist du normal. Das war nur ein böser Traum, sagst du. Wegen eines Traumes trennt man sich nicht. Deine Traumata traumatisieren mich.

Du hast Charme. Wenn du lächelst, geht das Licht an. Das Licht macht dich schön. Wenn man genau hinschaut, wenn niemand hinsieht, wirst du hässlich. Dein Gesicht fahl. Dann sehe ich, dass der Traum Illusion und der Traum meine Wahrheit ist.

Du schaust morgens aus dem Fenster, die Faust geballt, der Morgen beginnt und der Kampf beginnt. Du hast dich darauf vorbereitet, ja. Irgendwann ist es so weit, dann kommt der Tag X. Dann geht es los.

Es dauert nicht lange, bis er etwas entdeckt. Das geht ganz schnell. Jeder macht Fehler, jeden Tag. Er muss nur ein bisschen warten. Nein, du bist nicht du selbst, du bist wie er. Hast seine Persönlichkeit angenommen.

Ich bin am liebsten am Stadtrand, sitze in der Dönerbude und trinke schwarzen Tee. Wenn ich mich in deine Welt wage, habe ich verloren, weil du sie streng bewachst. Ich habe einmal dagegen verstossen, du hast mich gemeldet.

Ich gründe hier eine Gegenfront, da, wo du es nicht bemerkst, weil ich an Orte gehe, die du verachtest, die du nicht sehen kannst.

Ich komme nach Hause und da wartest du schon. Du sitzt auf dem Sofa, du erwartest mich. Ich sehe, wie du dir eine andere Realität, meine Realität, nicht vorstellen kannst.

Das war doch gestern. Du hast Hass und Wut und Angst in dir. Du lächelst mich an, du weisst, wie das geht mit dem Charme, und ich denke daran, was passieren würde, wenn ich dieses Lächeln nicht erwidere. Ich probiere es aus und dein Gesicht fällt in sich zusammen. Es ist, als ob eine Maske fällt und dein wahres Gesicht zum Vorschein kommt.

Ich sehe dich immer noch an, du erträgst es schon lange nicht mehr. Unter meinem Blick wirst du schwach. Du erhebst dich vom Sofa, du erhebst dich aus dem Konstrukt, das ich für unsere Beziehung gehalten habe. Jetzt frage ich mich, wie ich dieses Haus aus Papier, deine Maske, für real gehalten habe.

Du stehst auf und kommst immer näher mit geballten Fäusten. Ich habe keine Angst vor dir. Das irritiert dich. Du strauchelst etwas, gehst aber weiter.

Ich weiche dir nicht aus. Ich denke daran, wie ich mich in dir wiedergefunden habe. Wie ich schräge Töne überhörte und jetzt sehe ich deine Angst vor dem, was du getan und dann einfach uminterpretiert hast.

Es tut mir leid, sage ich. Was?, fragst du. Immer noch mit geballter Faust und drohendem Blick.

Und ich erkenne, dass wir nie was miteinander zu tun hatten. Du hast gespielt, alle verwirrt. Mir wird klar, dass ich alle Leute, die ich kenne, nur durch dich kenne. Mir wird klar, dass alles in meinem Leben von dir bestimmt ist. Dass ich kein eigenes Leben mehr habe.

Alles, was ich habe, sind diese Gedanken in meinem Kopf, jetzt, jetzt, jetzt.

Ich habe Angst, weil ich nicht weiss, wer ich ohne dich bin. Vielleicht ist da nichts, wenn ich die Tür öffne.

Die Angst wird immer grösser, aus Angst öffne ich die Tür und der Sturm reisst mich einfach mit, während deine Faust ins Leere trifft.

Trenn dich!, schreie ich. Trenn dich endlich!

Die Fremde

Fremd sein
fremd bleiben
mal sagen sie
versteck dich
bleib
in Verkleidung und Maske
also bleibe ich stehen
Outside
Nein
Ich gehöre nicht zur Gruppe
einer Bande
einer Partei
kein Staat
keine Hymne
keine Einheit
Leben im Widerspruch
nimm die Schranken weg

und spring über Mauern
rede mich um Kopf und Kragen
wir wollen uns doch vertragen
Nebel in der Stadt
Zuhause im Morgengrauen
Kaffee holen und Zeitung
anonym
ohne Identität
dann sind wir eins
vereint ohne Kontur
bis zur Nacht
dann schliesst du die Tür
willst den perfekten Satz
willst deine Welt klar
mit Freund und Feind
mit Freund bin ich nie gemeint
schon klar

wir sind vereint
im Morgengrauen
dann gibt es Länder
Grenzen
Sympathien
ein falscher Satz von mir wird genügen
noch ein paar Stunden Frieden

Die Mutti

Dörte wäre manchmal gern ein Mann, doch das sagt sie nicht. Sie bewundert ihre Oma, die hat immer gebacken und gekocht. Das macht Dörte auch. Sie trägt einen flotten, frechen Kurzhaarschnitt, denn Dörte ist anders als die anderen.

Sie wird von allen gemocht, weil sie so anders als die anderen ist. Sie nennen sie die Mutti.

Dörte ist stolz auf diesen Spitznamen, denn sie ist die Frau hinter den Kulissen. An ihren Brüsten heulen sie sich aus und Dörte hat immer einen Rat, so wie die Oma damals. Dörte hält nichts von Rebellen, Dörte ist angepasst an jede Zeit, jede Gruppe. Sie will zu den Starken gehören. Ihre Oma hat damals Hitler verehrt, ihre Eltern waren bei der Stasi.

Dörte verbreitet Gerüchte und manipuliert ihre Freunde, bis die sich von ihr abwenden, und sucht sich dann die nächste Gruppe. Dörte hat viele Freunde, Dörte kennt die halbe Stadt, Dörte ist allein, sie hat keine Freunde, denn niemand liebt Dörte.

Sie weiss nicht, was ihre besten Freunde von ihr denken. Dörte hatte nie Probleme, einen Partner zu finden. Dörte verachtet ihre Partner. Sie sind ihr unterlegen. Dörte dominiert ihren Freund. Er hat keinen Willen, keine Persönlichkeit, Dörte weiss, was für alle das Beste ist. So haben sie es alle mit ihr gemacht, Oma, Opa, Eltern, und es hat ihr nicht geschadet, denn Dörte steht mitten im Leben.

Sie bringt Sonnenschein und rosa Glitzer ins Leben aller Menschen, wenn sie es annehmen, sonst muss Gewalt her. Gewalt ist nicht schlimm, das weiss Dörte. In manchen Fällen muss man Lügen erzählen und in ihre Schwachstellen hineinpiksen mit einem scharfen Messer. Wissen sie nicht, dass Mutti nur das Beste für sie will? Dörte tut das alles aus Liebe, ja.

Ich liebe euch doch alle!, sagt sie abends vor dem Spiegel. Dörte steht im Leben, denn sie arbeitet.

Sie ist verheiratet, sie hat Freunde, sie ritzt sich abends vor dem Spiegel.

Dörte liebt und wenn er nicht zurückliebt, bringt sie sich um mit einer Packung Paracetamol.

Sie filmt ihr Leben, schaut mich an, schreit sie.

Ihr Zimmer ist voller Selfies, in der Ehe hat sie die Hosen an. Sie weiss, was für ihn gut ist, besser als er selbst.

Sie ist sich ihrer selbst bewusst und hungert sich zu Tode.

Dann isst sie den ganzen Kuchen einfach auf.

Sie wissen eh nicht zu schätzen, was ich für sie tue.

Dörte hackt sich in deinen Rechner, sie liest deine Nachrichten. Sie weiss alles und wenn du dich fragst, wer die Fäden hält, es ist die Mutti, denn Mutti ist Gott.

Sie ist Formwandlerin und beneidet alle mit Form, sie klaut sich deine Form, wenn du nicht aufpasst. Dörte wird geliebt, Dörte weiss, dass man sich Liebe kaufen muss, nichts ist umsonst. Niemand kann Dörte lieben, denn sie ist nicht da. Es gibt nur die Mutti.

Dörte war schon oft in Therapie, jetzt ist sie selbst Therapeutin, sie kann das besser. Alle reden schlecht über sie, doch das ist sie gewohnt, das macht sie nur stärker.

Sie hat ihren Mann, der gehört ihr, der findet sie gut, solange sie ihm Kuchen bäckt.

Manchmal rasiert sie sich all ihre Haare ab, einfach so, auch wenn sie alleine ist. Der Mann traut sich nicht, sie zu betrügen, und manchmal fragt sich Dörte, was passieren würde, wenn sie damit aufhört: mit den Lügen, den Drogen, den Drohungen. Dann wäre da nichts, denn sie sieht die Verachtung in ihren Augen, sie spürt den Hass, doch sie sind schwach und können nicht leben ohne Mutti. Manchmal möchte sie einfach aufhören, loslassen, raus aus diesem Leben, dann erinnert sie sich daran, dass die Menschen ohne Mutti nichts hinkriegen, und sie bleibt, weil wir sie brauchen.

Ohne Zwang hören sie nicht. Man kriegt nichts geschenkt. Dörte richtet ihre Krone und steht wieder auf, denn sie ist die Königin der Welt. Viva la Mamma!

Die weissen Wände

Angekommen in den weissen Hallen muss ich unterschreiben. Wenn ich hier nicht lebend rauskomme, nehme ich das mit meiner Unterschrift an.

Die Menschen haben Angst. Ich gehe jeden Morgen in Distanz zur Krankheit, um ihnen zu helfen.

Sie kriegen jeden Morgen kleine weisse Pillen. Die Pillen bringen sie dazu, sich danach in ihren Zimmern einzuschliessen. Ich spüle die Pillen im Klo herunter.

Nachts muss ich durch die Gänge irren, das Krankenhaus ist ein Labyrinth. Sie verfolgen mich. Ich entkomme ihnen, indem ich mich auf den Boden setze und abwarte, dann verschwinden sie. Ich will bei dir sein, ich vermisse dich so. Ich denke an unsere Umarmung, ich will ihr glauben, ich bin darin verschwunden. Gerüchte und Lügen, die ihr verbreitet, sind nur Ausdruck eurer Angst. Euch gehört diese Angst, es ist nicht meine, nicht eure. Die Zeitungen sind voller Geschichten, sie handeln von uns. Sie sind nicht wahr.

Sie ziehen sich weisse Kittel an und verlassen den Raum, wenn die Patienten in Gefahr sind. Sie nehmen Selbstmorde in Kauf. Sie halten uns für Untermenschen. Wir sind nichts wert. Das zeigen sie uns, indem sie unseren Tod in Kauf nehmen. Kurz davor greifen sie halbherzig ein. So überleben wir. Aber wie lange noch?

Irgendwann wird einer von uns sterben und war dann ein Kollateralschaden.

Manchmal dürfen wir auf dem Hof ein bisschen hin und her laufen. In der Sekte gibt es klare Regeln, die absichtlich nicht klar definiert sind. Hält sich jemand nicht daran, gibt es eine Verwarnung. Strafen. Isolation. Noch mehr weisse Pillen. Gerüchte. Nächtliche Besuche. Zwangsoperationen. Besuchsverbot. Irgendwann willst du sowieso nicht mehr raus aus dem Knast, weil sie dir eingeredet haben, die Welt da draussen ist böse. Die anderen sind gefährlich. Und weil wir wirklich nicht mehr wissen, was uns da draussen erwartet, kriegen wir irgendwann Angst vor dieser Weite, der Freiheit. Wir halten ihre Regeln für sinnvoll, weil sie uns sagen, dass sie sinnvoll sind. Wir wissen nicht mehr, wie es ist, Fragen zu stellen.

Wenn du nicht spurst, wirst du entlassen.

Danach bist du ein Wrack. Bis du gelernt hast, dass sie gelogen haben, bis du gelernt hast, dass du im Knast warst, bist du alt und niemand glaubt dir.

Sie gehen über Leichen und sie lassen Leichen verschwinden, nachts Geschrei auf dem Gang, du kannst dich nicht bewegen, weil sie dir ein Mittel gespritzt haben, das dich lahmlegt.

Sie versuchen es immer wieder.

Herauszutreten aus ihren heiligen Hallen. Sich einzumischen in die Welt. Die Welt so zu vergiften, wie sie es mit uns gemacht haben.

Irgendwann ist die ganze Welt eine Sekte. Irgendwann ist die ganze Welt ein Knast. Irgendwann sehen wir uns nur durch Glaswände.

Ich vermisse dich so, Leben. Ich will deine Umarmung, Liebe. Ich rüttele an den Fenstern, ich habe mein Vertrauen verloren, weil eure Liebe kalt ist. Ihr nennt es Liebe, weil ihr dieses Wort mal irgendwo gehört habt. Es hat keinerlei Bedeutung. Ich möchte euch allein lassen in eurem Schmerz, doch ihr seid nicht irgendwo da draussen, ihr seid hier drin in mir.

Also versammle ich euch hier an diesem Tisch und rede mit euch. Ich rufe euch zu einer Versammlung, weil ich endlich Klarheit will und Klarheit brauche. Ich fordere das ein. Ich bin die Medizin, nicht ihr.

Ihr habt Pillen erfunden, die uns das Leben nehmen. Wir sind das Leben, ich bin das Leben.

Ich rufe dich an, Gott, ich suche nach dem Fenster ohne Gitter. Irgendwann werde ich es finden.

Der Dschinn

Du bist einmal da, dann für immer. Du nimmst den Raum ein, der dir nie gehört hat. Jetzt darfst du das nämlich. Du machst dich breit. Du bist der Geist, der heimlich hereinkommt und das Eine sagt: Ich war immer da. Wir wissen alle, das ist eine Lüge. Doch es nützt nichts. Da bist du ja wirklich. Ich möchte dich nicht mit Du ansprechen, weil du nicht mein Gegenüber bist. Du nimmst dir alles, um es mir in verbesserter Version zurückzugeben. Du weisst, wie es geht, du weisst, wie die Welt funktioniert, weil du sie erschaffen hast. Du machst mir jeden Tag klar, dass du meine Welt kaputt machen kannst. Es ist nicht deine Welt, sie gehört dir nicht.

Das sagst du mir mit allem, was du tust. Wenn du uns Angst machen willst, verwandelt sich die ganze Welt in ein Irrenhaus. Weil du es kannst, machst du uns alle krank. All deine guten Taten sind vergiftet. Du willst mir mit deinen guten Taten Angst machen. Du wirst nie so gut sein wie ich, sagst du mir. Du bildest dir alles nur ein. Du bist eine Illusion, der Dschinn ist eine Illusion. Deine Wutattacke kommt aus dem Nichts zwischen den guten Taten. Die guten Taten drängst du auf, niemand hat je danach gefragt. Die guten Taten setzt du ein wie eine Waffe. Du bist nicht das Heilmittel, du bist die Krankheit. Du vergiftest die Menschen um mich herum, bis ich sie nicht mehr erkenne, weil sie wie Zombies durch die Strassen laufen ohne Seele.

Das ist deine Rache, das ist deine Schwäche. Du kannst nur kaputt machen. Mich machst du nicht kaputt, das ist meine Rache.

Sie haben alle Angst vor dir, ich auch, doch ich mache trotzdem weiter. Sie sagen, ich wäre wahnsinnig, das ist mir egal. Ich sehe dich an, du sagst, guck weg, weil du es nicht aushältst, wenn dich jemand ansieht. Denn dann fällst du zu Staub zusammen. Ich sehe dich weiter an, ich sehe dich und die Menschen an, mit Liebe und ich sehe, wie du zerfällst und die Zombies zu Menschen werden. Es dauert lange, doch ich habe Zeit. Du zerfällst. Du bist eine Illusion.

Trump im Wohnzimmer

Ich stolpere fast über deine Bücher. Du hast nur drei davon gelesen, stolperst über Sätze und Menschen, verführst und bezauberst sie, bis sie dir egal werden. Dann fehlt dir der Reiz, du brauchst den Kick: Wir gegen die. Die Wut treibt dich an, die Wut auf deine Eltern, die Identifikation mit ihnen.

In Deutschland, fängst du an, ein Regentropfen unterbricht dich, in Deutschland darf man keine Kritik an Israel üben, sagst du, da kriegt man sofort einen Maulkorb verpasst. Schuldkomplex höre ich. Zu viel Aufarbeitung.

Draussen regnet es, wie immer in Berlin.

Du bist begeistert am Anfang. Findest heraus, wer dir nützt. Du bist austauschbar. Du hast keine Ahnung, doch davon hast du genug.

Du kannst das, Gefühle auswechseln, umstellen, weil du nur ein Gefühl kennst: Wut. Die Wut kommt, wenn deine Grandiosität nicht anerkannt wird. Ich habe sie nicht anerkannt, nur einen Augenblick. Du hast keine Probleme, du machst sie dir. Ich erkenne deine Probleme an, du wälzt dich im Selbstmitleid.

Wir trinken Tee, ich höre den Regen sehr laut und im Hintergrund dein Gerede. Du hast von Trump geträumt. Kein Alptraum, denn du magst Trump. Und ihr redet, in einer Altbauwohnung in Kreuzberg, ihr redet über Ken Jebsen und die Weltverschwörung. Ich lese dein Buch über Antisemitismus, während du einen Holocaustleugner lobst. Deine Widersprüche machen mich krank und die Wohnung dunkel.

Du redest über dich. Stundenlang. Ich bin nicht da. Du hast mich ausgeschaltet. Und ich weiss, du wirst mich aus der Schublade holen, sobald du mich brauchst. Ich brauche dich nicht mehr. Ich fliege aus dem Fenster mit den Tauben, du nimmst das gar nicht wahr, weil du von Trump träumst. Eines Tages möchtest du auch so mächtig sein wie er. Bis dahin sitzt du auf dem Sofa und träumst. Bist wütend über all die Schafe, die dir nicht hinterherlaufen. Du verfluchst meinen Namen, verbreitest Gerüchte, doch auf dem Sofa kriegt niemand etwas davon mit. Das ärgert dich. Niemand sieht dich seit Jahren, obwohl du dich an Bäume kettest und Einmanndemos organisierst. Jetzt bist du alt und schläfst auf der Couch ein.

Game over.

Der Kampf

Keine Zeit für Arbeit
ich muss kämpfen
befreit von Regeln
ausserhalb der Welt
hier gelten andere Gesetze
noch
stehst du an der Wand
wartend auf Anweisungen

nur das, was zu erledigen ist
vernichten
auslöschen
ich vernichte dich
mit Waffen, die du nicht kennst
besessen vom Kampf
vergesse ich mich
bin geworden wie du, besessen

längst vergessen, wogegen ich kämpfe
ich will dich besiegen
du bist viele
du bist der Stumpfsinn, Defätismus und Apathie
Hass, wir gegen die
oben gegen unten
der Starke gewinnt
du bist Gewalt, Angst und Waffen
du bist die Verachtung
Entwertung
Lüge
Täuschung
Manipulation
dein Glaube ans Nichts vernichtet deine Welt,
auch dich
doch ich verliere, weil du die Welt nicht liebst

du merkst nicht,
wie ich im Hintergrund alles zerstöre

Du bleibst fassungslos zurück
von deinem Hasstempel bleibt nur eine Ruine
doch du hast mich in der Hand
weil ich Teil deines Kampfes bin
du brauchst einen Gegner
du verschwindest
wenn ich es nicht mehr bin
du gewinnst, ich kann mich nicht spüren,
wenn ich nicht bei dir bin
ohne den Kampf weiss ich nicht, wer ich bin
um dich zu besiegen, muss ich mich verlieren
also gehe ich
gebe auf
den Kampf und dich

langsam komme ich zurück zu dem
was geblieben ist
du verschwindest und wir
versinken
nur Reste unseres Kampfes
Vergessen
Ruinen
und auch die zerfallen
zu Staub
das Nichts beschützt dich
die Realität empfängt mich
staubiger Wüstensand

und ich falle

WÜSTE

Ich wache auf.

Es ist zu heiss, denke ich, zu heiss zum Leben. Jeder Krieg fordert Opfer. Ich habe mich in Wut verloren, gegen meine Dämonen gekämpft und verloren, dich verloren. Lächerlich, jämmerlich. Habe mich selbst verloren, bis du mich nicht mehr erkennen konntest. Das wollte ich nicht. Noch einmal. Noch eine Chance, noch ein Leben, wie viele haben wir noch, bis wir uns endlich finden? Ich wache also auf in der Wüste. Unsere Ideale sind in der Wüste verbrannt. Meine Angst hat dich in deine Angst gebracht. Mein Mut hat dir Angst gemacht, bis ich im Schmerz und in der Sonne verschwunden bin. Auflösen wollte ich mich, zurück hier in der Wüste sieht man die Sterne gut, unsere Heimat irgendwo da oben, wirre Theorien, sagst du, wo bist du? Unsere Liebe ist Schmerz, unsere Liebe ist schwarz, unsere Liebe ist falsch. Sagst du. Wo bist du?

Lass es uns vergessen. Dann gehst du noch einen Schritt weiter: Verleugnung. Da war nie eine Liebe. Was für ein Blödsinn. Nur deine seltsamen Gefühle. Nur eine Halluzination. Nur eine Fata Morgana. Das kann in der Wüste schon mal passieren. Wenn ich dich vergesse, vergesse ich mich. Auflösen in der Unendlichkeit der Wüste.

Visionen

Da hinten
Wo der Himmel golden ist
Dort
Wo verheissungsvoll die Sonne uns den Sommer verspricht
Da
Ich weiss
Wird es Visionen geben
Auf diesem Weg
Dieser Strasse
Die uns unseren Versprechen näherbringt
Der goldene Pfad
Die Sonne wartet
Das reicht

Vagabunden

Wir machen eine Reise zum Beginn des Sommers, der schon seinen Anfang nahm
Es ist schwer für mich meine Vision zu finden, weil du fehlst
Du warst da wie eine Ahnung oder das, was du zu sein glaubtest
Ich habe nun meine Antwort, du selbst hast sie mir gegeben
Du ziehst es vor in deinen Lügen weiterzuleben
Und den Sommer zu töten
Auszulöschen, was da war, so gross und gewaltig, dass kein Wasserstrahl es jemals vermag zu löschen
Du weisst dies, Bruder, nur du besitzt diese einzigartige Fähigkeit mich zu verdammen und zu vergöttern zur gleichen Zeit

Ich bin verwirrt von deiner Wiederkehr, die einen Abschied vorraussetzte
Du gewährtest mir keinen Abschied mehr
Doch ich wollte all das Gift und geniesse seine Wirkung noch jetzt
Wir sind die Vagabunden in der Hitze des Sommers, der fliesst wie ein Strom
Wir, nicht Du
Du verabschiedest dich
Versprechen sind nur da, um gebrochen zu werden

Rebelle

Was ist Sommer
Sinnloses Dahintreiben im Meer der Ewigkeit
Hier, nicht woanders
Es lebe die Unvernunft
Gepriesen sei der Wille zur Unvernunft
And fuck the Rest, den schweigenden Rest
Ihr könnt nicht von mir erwarten
Dass ich vor lauter Respekt
Den ich nicht habe
Mich zum Sklaven machen werde für euch
Ich weiss nicht mehr, wer ihr seid
Weiss nur dunkel, dass ihr existiert
Wenn ihr mir sagt
Ich darf nicht
Diese Pforten sind mir verschlossen
So antworte ich euch auf eure nichtgestellten
Fragen

Ich bitte euch um die Rechtfertigung eurer Behauptungen

Reisen

Ich lösche alles
Du hast nichts gesehen
Durch die Strassen
Jetzt wie heute
Ein Tag
Gemeinsam
Doch wir lebten in Städten
Ländern
Visionen und Gesprächen mit Freunden
Wir teilten die absolute Einsamkeit
Wenn nichts dich mehr schützt vor Realität
Ich sagte Bruder, als ich dich fand
Du hast mich erkannt
Wir durchquerten Jahrzehnte in der Hoffnung, einander zu finden
Zu begreifen, was zu gross für uns ist
Ich lösche meine Spuren

Bis auf dein Wissen
Ich habe dich erkannt

Fata Morgana

Was hast du gesehen von mir
einen kleinen Ausschnitt
ein vorübergehender Schauer
ein kleines Gefühl
Ich bin in deinen Augen
ein kleiner Augenblick der Wahrheit
ein kleiner Augenblick der Reue
Das Geheimnis ist
ich bin gerade erst geflohen
so blitzschnell
bei dir angekommen
habe überlebt
ich wollte dich wiedersehen
doch der Mensch, der mich sehen lehrte
hat mich mundtot gemacht
Vielleicht ist nichts auf der Welt dazu
bestimmt Bestand zu haben

vielleicht nicht einmal wir
Ich brauche deine Welt nicht mehr
sie tötet mich über kurz oder lang
In den verborgenen Winkeln deiner Seele
zeugen schattenhafte Gebilde von einer Welt
die einmal bestand
du teiltest sie mit jedem
du hast deine Seele verkauft an jeden
der dir über den Weg lief
um dann mit einem lakonischen Lächeln
jegliche Eindrücke zu bestreiten
Du radierst aus
jeden Einzelnen
gehst zum Nächsten
du lebst an der tiefsten Oberfläche
es wird so weitergehen
von Anfang bis ewig

Wieder hat triumphiert, was mich zerstört
ich habe keine Angst vor dieser Endlosigkeit
sie wird so sein wie die endlose Nacht
die uns von Anfang an beherrscht hat
Ich sehe dich nicht mehr
was bleibt, ist
ein hastiger Abschied
ein flüchtiges Wort
dann nichts mehr

Roadtrip

Wir bewegten uns leise und geräuschlos durch
Landschaften
die hell-dunkel an uns vorbeizogen
immer dunkler wurden
bis Sterne zu sehen waren
und wir von der Erhabenheit der Natur zum
Schweigen gebracht wurden
Ich erinnere mich an dich
unsere leuchtende lärmende Insel
die eure Welt durchquerte
Ein Verrückter am Steuer
von ungeheurer Geschwindigkeit getrieben
Gestalten um uns herum
Gefühle, noch nicht in Form gebracht
gesegnet sei die grosse Nacht
denn in unserer Nacht
vertrauten wir deiner Allmacht

Sie brauchen dich nicht
nicht an diesem Abend
nicht in dieser Nacht
nicht an diesem Abend
nicht in dieser Nacht
Wozu hast du das alles mitgemacht
jeden Abend
jede Nacht
um zu gefallen
wo nichts gefiel
nur zu viel
immer zu viel
Und keiner wollte etwas bemerkt haben
Da gab es nichts
Ausserhalb der Stille
vernahmst du keinen Laut
Der Vogel auf dem Zweig

er sang nicht
noch zwitscherte er
Es war eher ein verhaltenes Wispern
Vielleicht eine Erklärung
oder, nein
Den Ausgang oder Fluchtweg
er wusste ihn allein
Ja, so war es
Ach, diese freundliche Welt
nahm dich zu sehr in Beschlag
Es gab
neue Regeln sich zu merken
Es schlug Neun
du konntest gehen
und
du
hörst

ihr Lachen
Es folgte dir zu deiner Haustür
Es folgt dir jetzt am Morgen
wenn du das Haus verlässt
Es ist da
Es bleibt
verweilt
und der Vogel
er wispert
noch
und raunt dir zu
die Strasse der Freiheit wird bevölkert vom
Lachen
Es folgt

Nächte

Ich vermisse nichts
Ich vermisse nur die Stunden
die wir verbrachten
ohne sie zu zählen
Du weisst, wovon ich spreche, das Leben in
der Dunkelheit ist manchmal zu bequem
Ich suche nach etwas
das ein anderer längst fand
Ist meine Suche nun sinnlos?

Film Noir

Anna und Luca trafen sich mit Rodrigo in einer Bar, die durch rotes Licht und rote Menschen das Leben als warme Katastrophe erscheinen liess.

Getränkt und abgefüllt mit Whiskey und Guinness erzählten sie sich ihre Geschichten. Promiskuität ist eine gute Maske für den späten Abend, genauso wie das ewige Stoned und Angetrunkensein von Schuldkomplexen und was da noch war an Ängsten, die noch nicht befreit sich ihren Weg bahnten durch Überfüllung.

Ein drängendes, flehendes wildes Schubsen. Anna verschwindet, Luca verschwindet. Am Ende bleibt Rodrigo zurück und lauscht verzweifelt den Klängen der Apokalypse.

Es waren hohe Räume mit hellen Wänden.

Die Angst war schwarz, immer war sie schwarz.

Dann fällt einem ein, dass man doch was hätte tun können, oder? Ob wir nun passiv sind als Voyeur oder Beobachter oder Kunstwerke erschaffen mit Wörtern, es ist immer das gleiche Hindernis: Angst.

Hohe Wände.

Schwarze Räume.

Angst.

Rodrigo war schon im nächsten Zimmer verschwunden, ein dunkles Zimmer, nicht mal erhellt vom Licht einer Kerze. Ich sah zurück, sah ihm nach. Kühles Mondlicht deutete die Umrisse der Räume an, ein Plan der Stadt, die unsere Erde symbolisiert. Stadt, Welt, Kosmos, Universum, mehrere Universen. Gehe durch jede Tür, die dir passt. Dahinter beginnt ein neuer Krieg. Nun treffen mich Atombomben und ich schaue mir selbst beim Sterben zu. Verwandle mich in eine grüne glitschige Masse. Sonst nichts mehr. „Eigentlich ist es vollkommen sinnlos", flüstert der Rodrigo, der sich mit mir auf gleicher Ebene befindet. Seine Augen erheben sich über die Masse und seine Finger holen Töne aus einer Weinflasche: „Du kannst nicht gewinnen, nur gehen."

Ich gebe ihm recht: „Durch Türen aus Licht, Licht ist wie das Meer unendlich."

„Ich geh dann mal", sagt der Rodrigo auf der anderen Ebene, sein Alltags-Ich, das nichts mit mir anfangen kann. Wir sitzen ohne Kontakt in den gleichen Räumen.

Er lässt mich allein mit meiner Geschichte und schon sehe ich die Gestalten, die sich aus der Dunkelheit lösen, direkt auf mich zueilen. Ich kann ihnen nicht entkommen, obwohl ich mich hinter meinem Glas verstecke. Sie kommen auf mich zu, zertreten mich. Sie alle bedeuten nichts, lösen sich von mir, um in anderen Welten weiterzuleben. Sie müssen nur lautlos im nächsten Raum verschwinden.

Sie redeten auf mich ein, manche besorgt, manche gleichgültig, wütend. Die meisten berauschten sich daran, dass sie Kreis waren und nicht Mittelpunkt. Niemand kann sich wirklich ein Urteil erlauben, doch die Urteile sind trotzdem da, verbunden mit einer Forderung: Wir sollen ein Leben frei von Schmutz, Willen, Drang, Sehnsucht leben. Warum? Würden wir nur den Mut besitzen, zuzugeben, dass wir alle suchen, dass wir alles geben würden, um unterwegs sein zu können, ein Ziel vor den Augen zu haben. Diese Suche kann ohne Opfer und Heldentode verlaufen. Ohne überflüssiges Märtyrertum.

Rodrigo grenzt sich ab, zieht geheime Grenzen. Jeder, der mit uns unterwegs ist, wünscht sich, nie mit uns gekommen zu sein. Denn wir tingeln von einem finsteren, aufgeblasenen Wirklichkeitsempfinden zum anderen. Ich habe genug von deinen Grenzen, sage ich, und steige aus.

Jetzt stehe ich hier, allein in der Wüste, umgeben von Unendlichkeit. Endlich kann ich dich wieder sehen, wie du wirklich bist.

Temple

You are just as you are
The daily News don't tell me anything new
you too
I love you just the Way you are
I was dreaming of Yesterday and the Day before
I realize that everything will be changed if we meet again
You have forgotten the Keys to the Kingdom
You don't know our red Theatre anymore
I tell you something about Art
Life
Music
Dreams
But you don't listen smoking Cigarettes with your incredible Smile
You're just yourself and that's what I love the

most

now in the early Morning Hours I feel no

Borders between us

Here is the Temple of Art

The music fades slowly

and I just chill

So drunk

Okay
Es ist vorbei, habe ich gesagt
Es ist vorbei, halt‘s Maul
Es wird nie wieder so werden, wie du es erträumt hattest
an diesem einsamen Sommertag
oder wie ich es erträumt hatte in der glühenden Hitze eines zu schnell vergehenden Sommers
Wir waren allein mit uns und werden es immer bleiben
Du also
Du bist also
Ich versuche es jetzt zu sagen
Du hast einen anderen gefunden
Ja, akzeptiert
Niemals

Ja, akzeptiert
Niemals
Ich werde Revolution spielen bis zum bitteren Ende
Nein, natürlich nicht, du kannst beruhigt sein
Ich werde nichts tun
Nur trinken
Trinken und warten, bis es vorbei ist
Du wirst dein Leben beginnen
Ich habe den Startschuss verpasst
Ich habe nicht aufgepasst, als deine Flasche sich leerte und meine noch voll war
Ich gehe wirklich gleich
Ein letzter Schnaps
dann gehe ich wirklich für immer
Bis morgen

Kara Sevda

Es ist spät, ich habe dir nicht geschrieben, nicht nachgedacht. Und selbst jetzt vermeide ich klare Sätze, Worte, obwohl alles in mir auf der Freiheit besteht, von der Du redest.

Kara Sevda

Wir wählen immer und vielleicht ist es das Gefängnis und ich weiss nicht, warum ich glaube, dass du nicht frei bist.

Kara Sevda

Ich versuche für dich zu verstehen.

Kara Sevda

Dein Blick hat mich gerettet und du schreibst über rettende Blicke, ich weiss nichts über dich und doch mehr, als mir recht ist.

Kara Sevda

Ich will Wahrheit, wenn schon kein Verstehen, wenigstens die Wahrheit.

Kara Sevda

Die Existenz eines mir gleichen Menschen ist zu viel für mich.

Kara Sevda

Du wurdest zu früh geboren und ich zu spät.

Kara Sevda

Ich kann nicht davor fliehen, vor dieser Übereinstimmung, und wir können nicht länger Brüder sein, nicht Gleichgesinnte, keine Gesinnungsgenossen, kein Paar, nur Liebende, und die haben keinen Platz in dieser Welt.

Kara Sevda

Ich wünsche dir alles Gute und freue mich über die Korrekturen deines Gegenübers.

Kara Sevda

Vielleicht sollte ich mir auch ein Gegenüber suchen, doch ich wähle Freiheit, wenn ich Liebe nicht haben kann.

Kara Sevda

Wir kennen die gleichen Leute und sassen mit ihnen in den Hinterzimmern des Erfolgs.

Wir korrigieren uns nicht, wir sind einfach nebeneinander lebendig.

Gegenwart ist Zukunft ist Vergangenheit.

Alles Gute, Bruder

Ich falle

GARTEN

Du:
Um mich zu finden, musst du Gott finden.

Ich wache auf.

Was ist das? Wo bist du?

Ich habe Gott verloren. Gibt es einen Gott? Du bist gegangen, wieder ohne ein Wort. Ich muss es versuchen: Rausgehen, nachts, auf einen Berg. Bist du da oben, Gott? Wenn ich in die Sterne schaue, denke ich an die Geschichten unserer Vorfahren, ihre Vorstellungen vom Ursprung des Universums. Ich suchte Gott in der Stadt, in jedem Gesicht, ich ging weg von der Stadt, der Ruine, der Wüste ... suchte Gott, suchte dich, vielleicht ist es dasselbe?

Wie sollen wir uns finden? Ich weiss nicht, wo du bist, ob ich dich wiedersehe. Spielt das eine Rolle?

Also schreibe ich dir und ich schreibe Gott.

Bin wieder aufgewacht. In einem Garten.

Sehen

Ich sah dich.

In allen Gestalten, die in Strassenbahnen sitzen, um nie dort anzukommen, wo ein Ort den Namen Ziel trägt.

Die Strassenbahn, wo ein Intellektueller ein Theaterstück schreibt.

Wo sich die Kinder den alltäglichen todesnahen Machtkämpfen hingeben.

Wo Angst ist und wo Joints geraucht werden.

Wo eine Mutter beruhigend auf ihr Kind einredet.

Wo zwei Studentinnen die nächste Party planen.

Und wo Zeitungen gelesen werden, die das alltägliche zynische Tagesbewusstsein reflektieren.

Ich sah dich in allen Gesten, die unseren

Überlebenskampf zu rechtfertigen versuchen.
Die Geste, die mir zeigen will: Ich bin nicht die einzige, die lebt.
Die Hand, die mich abweisen will.
Die Hand, die nichts will, als ihre Zigarette halten.
Die mich beruhigen will oder mir zeigen: Dein Gesicht kann ich in meinem Geist nicht erkennen.
Wo Gesten versuchen anzukämpfen, gegen das alltägliche, zynische Tagesbewusstsein.
Ich sah dich sitzen auf einer Mauer, auf einer Mauer vor einem Club,
wo niemand fragt,
wo niemand antwortet,
wo niemand verbietet,
wo niemand stirbt,

wo wir uns dem Ort nähern, der den Namen Ziel trägt, wo wir lachen und das Licht in der Dunkelheit sind,
und wo wir Nacht sind, im allmächtigen, übernatürlichen, dionysischen Dasein.
Ich sehe dich.
Im Blick eines Fremden, der zum Freund wird, wenn ich dich in ihm erkenne. Ich sehe deinen Blick durch Zigarettendunst, Stimmengewirr, durch Menschenmassen,
durch Ankunft und Abschied,
durch Gleichgültigkeit und Ekstase,
die versucht stärker zu sein als die ewige Lethargie,
durch Schulen und Universitäten,
durch Demonstrationen und Beschwörungen,
durch Angst und Grossstadtnihilismus,

durch innerliches Einfrieren, genannt Coolness,
durch Kontrolle und Anarchie,
durch Fernseher,
Computer und Plastik,
zu mir, zu meinem Traum.
Durch meinen Traum,
durch mein Erwachen (dein Blick ist mein Erwachen),
und im Labyrinth der Einkaufszentren und der gesichtslosen Existenzen: Der Mensch.
Nostalgiker oder Besessener,
Paranoiker oder Realist,
festgehalten von deinem Blick,
auf einem endlosen Film, genannt Leben.

Nachtland

Nur, wenn ich versuche
zu sterben, weil ich leben will
erkenne ich die Unmöglichkeit
in dieser Welt frei von Lügen zu leben
Mir wurde gesagt
dort, wo ich lebe
gibt es keine Lügen
Im ewigen Nachtland
schreibe ich Briefe wie Glaubensbekenntnisse
niemals gehört, um verstanden zu werden
Der trunkene Morgen
ist für mich
die vollkommene Möglichkeit
Glaubensbekenntnisse
auf die Ebene der Gläubigen zu verlagern
Ich lasse sie allein und gehe

Frühlingsnacht

Dahindämmern im Schattenlicht
Über Brücken des gegenseitigen Einverständnisses getragen
Dieser Moment ist mein Leben
Nicht mehr als das
Vergessen wird leichter am Ende
Dann die Strasse, dann die Grenze
Es gilt umzukehren in die Weiten der Frühlingsnacht
Der grenzenlosen Welt, die zu schnell verschwand
Für immer dort bleiben

Für immer dort träumen
Fern der grauen Abstumpfung

Du

Ich sehe, wie Altes vergeht
Ich sehe, wie Wege sich trennen
Wie Menschen verleugnen, hassen, töten
Wir sind unter einer Eisschicht begraben
Ein Licht scheint
Ein Licht brennt
Ich kann durchhalten
in der Nacht
in meinen Kriegen
in Katastrophen, die ich heraufbeschwor,
kann ich beten, kann zu dir sprechen
und meine Angst abschütteln
Kann dir vertrauen und frei sein in grösster
Ausweglosigkeit, denn du bist das Licht, das in
unserer selbstgewählten Dunkelheit scheint
Das ewig brennt
und nie verlischt

Brüder

Wir haben Tage geteilt
und Sommer verschwendet
Du hast dich auf die Fahrbahn gelegt
und ich hab dich beinahe überfahren
Wir haben uns mit deinem alten Taschenmesser verletzt
und auf Blutvergiftung gewartet
Wir haben über Horrorfilme gelacht
und uns mit Popcorn beworfen
Haben uns mit Gangs angelegt
und in Technoclubs getanzt
Ich hab sie gekannt, die Landschaften
in deinem Inneren
dein Lächeln, wenn du nervös wurdest
deine Anspannung, wenn wir kranke Gedanken austauschten
du teiltest meine Einsamkeit

meinen Rausch
warst meine Inspiration
Ich möchte dich nicht vereinnahmen
und nicht über dich urteilen
Ich will nur bei dir bleiben
und frei sein mit dir
in Dunkelheit
Verschwiegenheit
im Verborgenen
dein Bruder sein

Kristallschiff

Das Dahindämmern hatte seine Wirkung fast vollkommen verloren.

Wenn der Mond sich in seltenen Augenblicken zeigte, schien er nicht wirklich da zu sein.

Nichts war mehr wirklich in diesen Tagen, die begannen, ohne dass ich es bemerkte, und niemals wirklich endeten.

Traf ich Freunde, merkte ich nichts von ihrer Existenz. Sie redeten und ich lachte.

Worüber ich lachte, habe ich vergessen, wie alles. Alles, was mir irgendwann wichtig schien. Ich brach jeglichen Kontakt ab zu den wenigen Menschen, die ich kannte, und redete so wenig wie möglich mit den Menschen, die ich nicht verschwinden lassen konnte.

Nicht mal die Angst vor dem Tod hielt mich davon ab im Unbewussten zu versinken. Den Tod und das Leben, das ich nicht suchte, gab es nicht mehr, so wenig, wie es mich gab. Vor mir erhob sich das Kristallschiff, reich an Erfahrung. Ich habe das Kristallschiff betreten.

Juni

Fotografien eines Moments
den der Sommer aufhob für euch
die ihr die Möglichkeiten in Versprechen umwandelt
Was vorgeht in eurer Seele, sollte mich noch nicht interessieren
Nur die Sonne, die euch verbrennt
nur die Ahnung vieler Momente
die noch folgen werden in einer anderen Wirklichkeit
in unseren neuen Leben
goldene Versprechen
Das hier ist nur eines der unerlebten Erlebnisse
dessen
Zaungäste
wir sind

Niemandsland

Ahnung des Sommers
durchleuchtet die Welt
Ahnungslos bleiben wir und allein
Ohne zu warten
durchdringen Laute die Stille
und ohne uns umzudrehen
wissen wir, was hinter uns passiert
das gleichmütige Ausharren ohne Widerstand
die ausgelöschte Freude
der Rebellion
Jenseits der Welt
die wir teilten
gibt es nur
zurückverwandelte Träume
den verwelkenden Traum

Gebet

Hineingeboren in die endlose Nacht
suchen wir nach dem Licht am Ende des Tunnels
Bestimmt zum Überleben in der Fremde
suchen wir nach dem Wort
das uns erlöst
aus unserer Einsamkeit
Gekommen sind wir ohne Anklage
mit unserer endlosen Angst vor dem Ende
auf der Suche nach Gott
Suche nach Erlösung
die uns zu Kerzen werden lässt
zu einer ewig klingenden Melodie
um zu leuchten für jeden Fremden
um den Tod zu beenden im ewigen Leben
auf der Suche nach Gott

Morgendämmerung

Ende der Nacht
was bleibt ist die Musik
Melodien sind Farben
Ich bin die Farbe Blau
Dein Erinnerungsschatten auf meinem Bild
Die Türen sind verschlossen
Einsamkeit und Glück sind die Einzigen, die sich versöhnen
Ich versuchte frei zu sein auf meine eigene Art
hören will mich niemand
Ich war Bestandteil der einsamen Räume
durchleuchtet vom Mond
eine Nachricht
Warten auf Sterne
es bleibt dunkel
du entflammst die Nacht

Suche mir einen Ort zwischen Wind und Nacht
Im Kreislauf der Dinge gibt es kein Ende
auch kein Ziel
nur den Traum, den verbrannten
die Hoffnung, die verwelkte
Der Mensch
aufgelöst in trauriger Euphorie

Leben

Um mich herum ist Dunkelheit. Ich versinke vollkommen in der absoluten Schwärze.

Ich sehe von irgendwoher Licht. Das Licht verschwindet, ich versinke erneut.

Vor meinen Augen ein Film. Gestalten lösen sich aus der Dunkelheit.

Erzählen mir von Dingen, die ich kannte. Mein Leben zieht an mir vorbei, bedeutungslos.

Ich bin bereit mich aufzulösen, verliere mich, verliere den Film vor meinen Augen.

Ich bin nicht mehr als absolute Schwärze.

Wir sitzen uns gegenüber. Menschen, die kommen und gehen. Vor uns Gedichte, die wir in wilder Wut auf Papierfetzen schrieben.

Menschen, die uns anstarren, sie und wir. Niemand, der uns versteht.

Sie zündet sich eine zweite Zigarette an. Erzählt mir von Liebe, die zu Hass wird, von Angst, vom Absurden. Ich verliere meine Angst.

Ich öffne eine Tür, betrete einen Raum, gehe weiter, öffne eine zweite Tür, gehe weiter.

Das einzige, wofür es sich zu leben lohnt: Die Zukunft.

Um mich herum Menschen. Meine leeren Worte, leere Worte um mich herum. Man fragt mich nach meiner Lebensphilosophie. Ich habe keine mehr. Du musst doch an etwas glauben, sagen sie.

Ich will ehrlich sein, keine Lügen mehr, sage ich und gehe.

Worauf ich warte, haben sie mich gefragt.

Ich suche nach etwas, von dem ich weiss, dass es nicht existiert. Ich will die Welt verändern.

Ich will mich selbst verändern.

Es gibt keine Regeln.

Optimistin, sagen sie.

Wir warten auf den Zug. Warum rauchst du?, frage ich.

Warum rauchst du?

Fragt er.

Rauchen ist wie Vergessen, sage ich. Es ist vergessen, sagt er.

Am Ende bin ich allein. Ich gehöre niemandem, mir gehört niemand.

Pessimistin, sagen sie.

Ich schreibe: Dieses Leben ist voll von irren Rauschzuständen, einzig, wie Rimbaud sagte, eine systematische Verwirrung aller Sinne. Von einer Stimmung in die andere werden wir geworfen, von einem High ins nächste naheliegende Tief. Diese Erfahrungen, die sich uns da bieten, geniessen wir, als gäbe es weder Verantwortung noch Moral. Nichts davon existiert, es löst sich auf.

Real können nur unsere Gefühle sein, oft nicht gewollt.

Gibt es etwas, das wir wollen? Zigarettenausdrückend im Hintergrund stehen. Ich will, dass du mich verstehst.

Du:
Ich habe deine Briefe bekommen, aber ich habe sie nicht gelesen, denn der Zustand, in dem ich mich befinde, lässt das nicht zu: Lesen, antworten, sich verbinden.

Ich bin weit weg von dir.

Ich:
Ich falle erneut. Wir wandern zwischen den Welten. Ich habe längst den Punkt erreicht, an dem es mich nicht mehr interessiert, wie unser ideales Leben aussehen könnte. Ich will nur ankommen.

MEER

Du:
Ich habe deine Briefe gefunden, sie endlich gelesen, und all die Jahre vorher ausgelöscht.

Ich:
Ich kann mein Leben nicht mehr ernst nehmen, seit du wieder da bist.

Du:
Seit DU wieder da bist!

Ich:
Du könntest zu einer Illusion werden, doch du bist unausweichlich. Wann kommen wir an?

Du:
Mein Leben zerstört sich von selbst.

Ich:
Niemand weiss etwas.

Eingebunden in die falsche Welt, bin ich schon fast da, am Meer.

Da, wo alles EINS ist.

Unausweichlich

Die letzten Blätter sind gefallen
das Buch durchgelesen
aus den Seiten fällt noch der Staub
aus dem Jahr davor
ein paar Blumen getrocknet für irgendwann
und ich weiss
dass es irgendwann nicht mehr gibt

Du verlangst keinen Eintritt
lässt mich einfach so rein
keine Entscheidung, kein Ja oder Nein

Du stehst fest, das wusste ich damals und heute, zu dir gibt es keine neutrale Haltung
und es spielt keine Rolle
ob wir jung oder alt sind

Die Unausweichlichkeit warf ich dir vor
doch die Dinge sind beschlossen
rien ne va plus
Du bist für immer da
zu mir kommen wirst du nie

Du bist die Definition von Unendlichkeit
das Gegenteil von Gleichgültigkeit
die Unendlichkeit fragt nicht
verlangt nicht
bleibt unendlich liebend im ewigen Nichts

Ich spüle die Gläser
ich schliesse die Tür
der Sommer ist vorbei
der Teufel versprach uns ein Leben voll Liebe
und Ruhm und ein Haus in Monaco

Du sitzt noch da, wartend und hoffend
es ist egal
ob du willst und warum
Liebe ist stur

Du glaubst
ich brauche Schwüre und Versprechen
doch ich brauche nur mein Ja
Ich brauchte nie das
vor dem du dich versteckst
deshalb öffne ich die Tür

Der Herbstwind kommt herein
und ich lasse ihn alles zerstören
das Geschirr aus falschem Porzellan
Ich brauchte nie das, was verfügbar ist
ich brauche das, was unausweichlich ist

Ufo / Die Sonne

Freitag. Nacht.
Der Fernseher läuft und Stimmen übertönen
den Wechsel der Zeit
Im Himmel ziehen Ufos an mir vorbei
ich befinde mich ausserhalb dieser Welt
Im Kopf ertönt ihre Stimme
sie wird lauter
sie ist immer lauter als die Welt
sie ist ein Schrei, der mich am Leben hält
Ich hänge an ihrem Tropf
und es sind nicht ihre Worte, sie könnten
banaler nicht sein
Ich kann es ihnen nicht erklären, sie reden auf
mich ein
sie fragen, wo ich geblieben bin
Ich weiss nicht, muss sie fragen, weil ich ohne
sie nichts bin, sie gibt mir gar nichts und das

habe ich verdient
sie hat mir alles genommen und das war abzusehn
Sagen nicht alle, dass nichts für immer ist
dass Liebe nur Illusion
Erfolg nur für die Erfolgreichen ist?
Also kann ich es ihr auch geben
alles verschenken
alles zerstören
Dekonstruktion
sie hat das erwartet, sie kennt mich schon
bevor ich weiss, was ich als nächstes tue, durchschaut sie mich
und deshalb brauche ich sie
In meinem Kopf ist alles durcheinander, der Fernseher läuft, es ist morgens um halb drei
Sie ziehen mich weg, wann zieht mich endlich

jemand weg von ihr?
Ich erwarte einen Prinzen, einen Helden
doch ich selbst hab mich in diesen goldenen Käfig gesperrt
und dich gleich mit
Jetzt sitzen wir hier schon seit Jahren fest
den Weg heraus kenne nur ich
Du sagst was, ich höre es nicht, weil die anderen Stimmen lauter sind
Ich bin ich
was ich ist
ich weiss es nicht
Die Sonne geht auf
ich geh in ihr unter
was ich war und wollte, muss nicht sein
Sie kann es gebrauchen und ich bin zu dumm dazu

Die Sonne geht auf
der Mond verblasst, sicher ist es kühler da
Lass uns da hinziehen
zwei verbrauchte Schatten
langsam stehe ich auf und kann doch noch gehen
Die Drogen, sie wirken nicht
alles in mir ist auf Repeat
plötzlich hör ich wieder deine Stimme, weil sie geblieben ist
ich höre mich sprechen
es geht
Ich zieh die Vorhänge zu
ch setze die Sonnenbrille auf
Ich setz mich in die eiskalte Badewanne
trink Whiskey auf Eis
Ich kühle ab, ich vergesse

sie geht unter, ich geh auf
Der Herbst kommt und ich bin zurück
Manchmal fällt es schwer zu gehen, weil ich nicht weiss, dass ihr Licht nicht echt war, und es mir Angst macht, wenn etwas wirklich leuchtet und wärmt
Ich muss mich noch an dich gewöhnen
gib mir Zeit

Für Nichts

Du solltest eines tun, doch du lässt es sein
starrst in die Luft
dann ist er vorbei
der Moment
und gerade noch rechtzeitig wird dir klar
durch einen kleinen, brennenden Schmerz
wie schade das ist
wenn man verpasst, was nicht ewig ist
du lässt los, weil das einfacher ist
wir zerfallen zu Staub, wir sind hier für nichts
du willst etwas tun, spürst einen Impuls
doch es ist zu mühsam daran festzuhalten
weil er dir ja sowieso entwischt
wir werden älter und es wird schwerer
und langsam wird es klarer
sie werden irgendwann gehen
du wirst es abbrechen

verlassen
beenden
und Abschiede sind dir zu anstrengend
also lässt du los
du gibst auf, vertraust dich den Wellen an
gegen das Meer kann man nicht gewinnen
dagegen kommen wir nicht an
wir werden älter und es wird uns klar
es ist nicht wichtig, was uns wichtig ist
wir sind hier für nichts
manche beten, manche hoffen
manche lügen und manipulieren
du weisst, warum
du weisst, was das ist
es ist diese Sehnsucht
du glaubst ihr nicht
es sind nur kurze Gedanken und Gefühle

ohne Sinn und Verstand
unsere Bilder hängen für nichts an der Wand
vielleicht liest nie jemand unsere Gedichte
vielleicht werden mal Strassen nach uns benannt
es ist egal, wir haben es nicht in der Hand
wir sind nicht hier, weil wir es wollen
wir sind hier ohne Grund
wir zerrinnen in Gottes Händen wie Sand
wir sind nicht hier
weil es besser so ist
wir sind hier für nichts

Brücken

Sieh nicht zurück
nimm dir nichts vor
plane nichts
erwarte nichts
brich alle Brücken ab
brich alle Brücken ab
sammle Gedanken
von hier und dort
sammle Menschen
und gib nichts auf diesen oder jenen Ort
brich alle Brücken ab
versuch nicht, dich selbst zu verstehn
versuch nicht, andere zu verstehn
hör ihr nicht zu
hau einfach ab
lösch seine Nummer
sag dir, ich hab hier niemals hingehört

du hast es nur noch nie probiert
brich alle Brücken ab
brich alle Brücken ab
verbanne dein ganzes Glück
an den fernen Ort
den du verlassen hast
aus Angst
aus Feigheit
Scham
fantasiere dir jemanden herbei
der dich vertrieben hat
sag dir nun, endlich bin ich frei
alles, was wichtig ist
vorbei
und brich wieder alle Brücken ab
brich alle Brücken ab
und dann sehn dich zurück

und dann komm zurück mit dem Wunsch
es jetzt zu wagen
und bleib dann kurz vorher zaudernd stehen
wenn dich jemand fragt
sag einfach, ich kam zufällig hier vorbei
und geh dann
damit dir niemand etwas nachweisen kann
brichst du alle Brücken ab

Major Tom

Ich schicke Botschaften an den Kosmos
kleine Nachrichten ins All
weil ich hoffe, sie kommen bei dir an
und du liest sie und du denkst dir
ganz heimlich deinen Teil
lässt dich davon inspirieren
ohne es mit mir zu teilen
wir lesen unsere Botschaften
und wissen so, was der andere gerade denkt so
müssen wir nicht miteinander reden
ich hab dir alles
umsonst geschenkt
ich gebe dir das Ticket
für eine kleine Seelenshow
du fühlst dich nun bestätigt
mehr brauchst du nicht
das reicht schon so

und wenn ich mich
dem Spiel entziehe
begehe ich dann Hochverrat?
wenn ich den Ehrenkodex breche
baumele ich dann am nächsten Laternenpfahl?
Mord heisst für uns
rücksichtsloses Ignorieren
das haben wir jahrelang trainiert
also sende ich weiterhin Botschaften ins Weltall
Major Tom wartet schon
ich hoffe wir landen niemals auf der Erde der normalen Kommunikation
denn wenn wir uns ansehen
ist das wie in die Sonne Sehen
zu viel des Guten

zu viel erkannt und gesehen
lieber das Dunkel
lieber die Unendlichkeit der Ungewissheit
unendlich frei schweben
in den Weiten des Ungewissen
Botschaften ins Weltall

Diabolisch

Was wird aus uns?
Ignorieren wir auch unsere Träume?
Malen wir sie golden an, unsere Schatten?
Das Böse wartet in der Angst
Wir streuen auf Dreck etwas Glitzer drauf
machen aus Müll Skulpturen
fügen zu satanischen Versen ein Einhorn
hinzu und machen Heilige aus Huren
wir singen schöne Lieder
dann gehen wir raus
um jemanden zu verprügeln
Schimpfwörter machen wir zu Sonetten
wir sehen nichts Schlechtes
nur pures Gold
diese Welt ist Gold
wenn wir etwas nicht verstehen
versuchen wir es golden zu umrahmen

dann hat es sich gelohnt
das Grübeln und das Warten
ich werde es nicht schaffen
doch
ich werde eine Ikone
ich kopiere
alle Ikonen
aus alten Zeiten
bin die Kopie der Ikone von Ikonen
wenn mir die Gegenwart nicht gefällt
nehm ich mir alles aus der Vergangenheit
und ist die dreckig
streu ich Glitzer drauf
mache aus Müll Skulpturen

Das Hindernis

Manchmal ist nichts da
und es gibt nichts zu überwinden
manchmal steht da keiner
der uns daran hindert
manchmal
aber nur kurz
und dann
ist da wieder ein Hindernis
irgendjemand macht was Falsches
irgendwas, das gar nicht geht
ich sage was total Falsches
du betrittst einfach
einen fremden Garten
und zerstörst das Blumenbeet
immer sind all diese Gründe komplett nachzuvollziehen
Schuld

sind immer die anderen
die Umstände und das Blumenbeet und wenn
all das doch nicht wäre ... doch es ist
und deshalb leiden wir
weil uns andere hindern
wir selbst sind es nie
manchmal ist es einfach dunkel
wir konnten abhaun
durch die Hintertür
doch bis wir uns endlich entschieden hatten
bewachte längst wieder jemand die Tür und
dann ist es da
das Hindernis
die Angst
die Wahrheit
das grosse Nichts
Lana del Rey singt

das Ende ist nah
das Ende von Amerika
und so träge leiden wir
eingehüllt in wohltuende
falsche Melancholie
sehnen uns ein Schlupfloch herbei
denn jetzt
ja, jetzt
sind wir frei
wenn da nicht das Hindernis wär
so gross und mächtig ist es jetzt
dass es fast schön ist
das Hindernis ist jetzt eine Skulptur
ein Kunstwerk und ein Marketinggag
wo wäre ich nur ohne das Hindernis jetzt
es treibt uns an, vertreibt unsere Zeit
nährt unsere Träume und befreit

uns so wunderbar von uns selbst
das Hindernis ist unsere Welt

Halbes Licht

Du bist immer einen Schritt weiter
siehst durch Türen zur anderen Seite
siehst von Ferne ein helles Licht
doch weitergehen möchtest du nicht
du willst alles von dir einem anderen geben
alles erzählen aus deinem Leben
du willst das Ja, akzeptierst kein Nein
doch ganz kommst du nie herein
du kommst unangemeldet
und dominierst dann den Raum
von dir wird man reden
die anderen vergessen
du bleibst viel zu lang und bist plötzlich weg
du gehst immer zu weit, doch niemals so ganz
du hast immer Zeit und bewahrst Distanz
niemand hat dich gerufen, du bist einfach da
du sagst niemals Nein, du bist selbst das Ja

und das Spezielle
Besondere
Einzigartige
das siehst du
wirklich
oder glaubst es zu sehen
und du verkündest der Menge ganz laut
dass dein Weg dich hierher führt
die anderen träumen von Zielen
Du hast Angst davor
deshalb sagst du
du willst das nicht
dieses Chaos, den Stress,
doch du meinst es nicht
und wieder entdeckst du ein neues Licht
der Sog des Neuen
die Sehnsucht nach dem, was immer war

du willst das alles
und gleichzeitig willst du nichts
und verschwindest
wie am Abend das Licht
wie am Abend das Licht

Alte Wunden

Du hast dich so an sie gewöhnt
und trägst sie mit dir rum
sie vertreiben dir die leeren Stunden
alte Wunden
alte Wunden
was wärst du ohne sie
du hast dich oft gefragt
von der Wiege bis zum Sarg
wirst du sie pflegen
deine alten Wunden
die alten Wunden
sie geben dir die Kraft
am Morgen aufzustehen
die Möglichkeit weiter als andere zu sehen und
fast jedes Gefühl zu verstehen
ich geb dir Pflaster und Verband
wie sie uns fast bewundern

für unsere Narben
unsere alten Wunden
doch ich komm dir nie zu nah
denn dann reissen sie wieder auf
mit Mühe hast du es gebaut
das Kartenhaus
wär doch schade um die verlorenen Jahre
und die leeren Stunden
sind doch nur alte Wunden
lass sie ruhen, die alten Wunden
ein Pflaster kann so schön verdecken
die Heilung wäre das Risiko nicht wert
was, wenn sie grösser werden
das Kleine nimmt dann Ausmasse an
die niemand verantworten kann
also wird die Mauer höher
dazu kommt noch ein Zaun

Pflaster über Pflaster
es lebt sich leichter so
mit den alten Wunden
die alten Wunden

Worte

Die Worte, die du nicht sagst
fliegen in meinem Kopf umher
und hindern mich am Denken
die Strassen, die du meidest
führen mich in die Irre
du sprichst laut, wenn du schweigst
im Licht lauf ich an dir vorbei

Danach

Nach der Party ist alles so wie vorher
zähl bis drei, dann kommt alles wieder
wir haben uns versteckt und gewartet
hofften auf Unendlichkeit
doch nach der Party ist sie wieder da
die Endlichkeit
du bist vernünftig und fühlst nichts dabei
du bist sachlich und fühlst nichts dabei
sag mir nicht, es waren nur die Drogen
die echten
Endorphine statt Amphetamine
das ist real Shit
die Hoffnung, die Träume
Schäume statt Schampus
Euphorie und grosse Freude
nur gross
grosse Erfolge

doch nach der Party ist nichts mehr bedeutend
wir lösen uns auf in grauen Gebäuden
wir fahren im Auto zur Arbeit
vermeiden schräge Töne
und jetzt wunderst du dich
weil du dich so leer fühlst
was hast du denn gedacht
dass ein Gefangener glücklich wird
nur weil er mal kurz auf Freigang war
komm mal runter, komm mal klar
wir sind Mitte dreissig
lass die Jugendsprache sein
setz die Mütze ab
lass ihn zu, den Verfall
lass zu, dass wir alles vergessen
jetzt sind wir endlich so
wie sie uns gerne hätten

Blau

Mach das Fenster zu, es regnet
es wird zu laut, wenn du redest
laut ist es in deiner Gegend
laut bin ich in deiner Gegenwart
um dich nicht zu hören

du bist leise, wenn du redest
und laut, wenn du schweigst
du bist alles, was ich wollte
und du lebst an mir vorbei
du redest vom Wetter und auf einmal von mir
ich laufe davon, das ist mir zu viel

wir sind verbunden, es ist nie vorbei
wir sind verbunden und doch völlig frei
mach das Fenster zu, dann wird die
Verbindung schlechter

und ich höre dich immer besser
deine Stimme wird klar
deine Stimme wird laut
ich lasse mich fallen ins ewige Blau

wir sind nicht verschieden
wir sind alle gleich
du lachst, wenn ich weine
wartest, während ich schlafe
verzweifelt allein
du bist die Liebe und verbindest uns

du bist das, was uns vereint
in Liebe, Schmerz und Angst,
unserer Sehnsucht nach Freiheit
Blau
mal hell, mal dunkel oder etwas dazwischen

Blau
unsere Erde aus dem All

ich schau auf dich herunter
bald hört der Regen auf
und selbst, wenn ich gehe
bist du es, der glaubt
hörst du auf, fange ich wieder an
mach das Fenster zu
damit ich dich hören kann

Am Anfang

Am Anfang
steht einer im Schatten
und sieht den anderen
in der Sonne stehn
er will den in der Sonne
auf die dunkle Seite ziehn
in den Schatten zu sich
und raubt damit dem anderen das Licht

Am Anfang
sind wir gute Freunde
aus Pflichtgefühl und Loyalität
wenn sonst nichts bleibt
sollte man gehen
doch dann
ist es meist zu spät

Am Anfang
steht das Gefühl von Freiheit
von Weite
Freude
Menschlichkeit
dann kommt das Geld
das Gold
die Türme
was bleibt
ist ein gigantisches Regelwerk

Am Anfang
ist es egal, wie man aussieht
sich gibt, redet, wie man wirkt
dann glaubt man
sich zu präsentieren
ist das, worum es wirklich geht

Am Anfang
war es nur ein Fehler
dann eine Tat
dann ein Beweis

Am Anfang
war es der Drang zu helfen
und das ist nun der Preis

Am Anfang
denkt man
ich denk doch ganz anders
dass man Lügen immer erkennen kann
und irgendwann nimmt man die Lügen
als eigene Meinung an

Am Anfang
baut man Türme
und glaubt
dass man jederzeit gehen kann
dann kommen Ausflüchte und
Beschwichtigungen
weil man durch Mauern
nichts mehr sehen kann
Geld
Manipulation
und Eitelkeit
Heilige Dreieinigkeit
wenn der goldene Turm schon steht
ist es längst zu spät
viel zu spät

New York

Du hast immer gesagt
wir müssen nach ganz oben
ein Berg
ein Dach
egal
oder eine grosse Stadt
am besten New York
untergehen in der Menge
weg von allem, dahin, wo man uns nicht sieht
und dann
habe ich gefragt
ja dann hast du geschwiegen
denn, wenn man fällt, ist es zu spät
du hast Briefe geschrieben
die nie angekommen sind
ich habe trotzdem jedes Wort verstanden
jeden Gedanken gehört

als würden wir tatsächlich reden
doch geredet haben wir nie zu viel
das Nichts ist besser als zu viel
das haben wir gelernt
unser Leben war bunt
ihres schwarz/weiss
gut/böse
dunkel/hell
da passten wir nie rein
ist es nicht immer noch so?
wir leben nicht mehr in der Steinzeit
sind doch so zivilisiert
eben darum
gerade deswegen
du wolltest niemals Schmerz
jedenfalls nicht, wenn man ihn sieht
du hast gesagt

wenn es gefährlich wird, bin ich raus
sie sind stark
wir sind schwach
uns fehlt die Richtung
sie wissen den Weg
sie machen die Regeln, nach denen man lebt
und vielleicht haben sie Recht
vertraust du denen, die du hasst
dann bin ich raus
während ich gehe
siehst du mich an
und ich begreife
dass ich niemals gehen kann
wir leben nicht mehr in der Steinzeit
sind doch so zivilisiert
eben darum
gerade deshalb

werden wir niemals alt
vielleicht gab es nie ein Wir
vielleicht gab es nie ein Sie
vielleicht sollten wir einfach bleiben
genau jetzt
genau hier
in der Menge
im Geschehen
bleib mit mir stehen
wir sind ein Teil dieser Welt
das kann ich jetzt sehen

Manches bleibt

Du begrüsst mich
überschüttest mich mit guten Wünschen
teilst aus
ich steck ein
soll ich dir danken oder gehen?
ich gehe
denn
manches bleibt

du willst mir etwas zeigen
weil du was vom Leben verstehst
von deinen Reden wird mir schwindelig
es wäre mir lieber, wenn du gehst
doch du hast darauf gewartet
schleimst dich ein
schwörst einen Eid
und ich heuchele Interesse

denn
manches bleibt

du sagst
ich hätte mich verändert
hast es in meinem Gesicht gesehn
du kennst sie noch
die grossen Fehler
die wir
sind wir jung
alle begehn
damals hat dich keiner gewarnt
mir soll das nicht auch passiern
du bist mal ehrlich und es tut dir ehrlich leid
ich hör dir zu
denn
manches bleibt

ach
die Liebe
hach
ich weiss genau
aber Liebes
alles nur ein Traum
ich weiss
du hast vieles über mich gehört ich weiss
dass dich vieles an mir stört
doch all die Lügen sind nicht wahr
ich nicke
sage
ja klar
du sagst
ich durchschaue nicht nur dich
die
die ich liebe

binde ich an mich
wollen wir nicht Freunde sein?
ich sage bitte
danke
nein
ich sage nein
denn
manches bleibt

du holst dir Popcorn
suchst den bequemsten Sessel aus
das ist spannend
das geht nicht gut aus
sag mir, wie es ausging
sag mir, lohnt sich der Schmerz
du kennst das Leben
sagst du

und sie werden dir erzählen
dass ich verrückt bin
doch sie können nicht verstehn
dass ich noch immer daran glaub
und ich hoffe
du nicht auch
warte ab und du wirst sehn
das wird alles schnell vergehn
höchstens einen Monat noch
bleibt nur
Weinen
Schreien
Wut
wozu ist das alles gut?
frag dich ruhig, wer er ist
frag dich weiter, wer du bist
frag

bis nichts mehr übrig ist
und wenn du es nicht begreifst
mach ich es selber
damit nichts mehr bleibt
du hast nie begriffen, dass
ich weiter als du sehen kann
auch
wenn man es nie begreift
ist es jetzt endlich soweit
der Film ist aus
doch manches bleibt

du hast
Wahrheiten im Müll verstaut
dachtest
es stirbt
wenn man sich nicht mehr traut

dass Dinge sterben
die man nicht begreift
doch ich weiss jetzt
manches bleibt
alles bleibt

Am Ende

Es wäre so schön gewesen
wenn du noch etwas gesagt hättest
statt einfach zu gehen
wenn du geblieben wärst
statt einfach wegzusehen
wenn du besser hingehört
hingeschaut
und nachgedacht hättest
denn dann könntest du es besser verstehen
dein Bild ist jetzt verzerrt
deine Worte nicht klar
denn du glaubtest
du siehst von Weitem
mehr als nah
es wäre schön gewesen
wenn du nicht den Falschen vertrautest
die verletzt

denen du wichtig bist
es wäre schön
wenn das Wenige alles wird
und wenig nicht alles für dich ist
es wäre schön
wenn du nicht nur liest
sondern nachfragst
dich und die Welt kennen willst
bevor du urteilende Worte sagst
wenn du nicht immer nur
linientreu
gut und gerecht
so farblos wirst
dass man dich nicht mehr erkennt
es wäre schön
wenn du mich akzeptierst, wie ich bin
als ob da kein Anspruch

keine Erwartung ist
doch nur, wenn ich gehe
akzeptiere ich dich
es wäre schön
wenn du Brücken baust
statt Mauern
doch so ein Mensch
bist du nicht
es wäre schön
könnte ich das alles ignorieren
und Brücken über Mauern bauen
doch so ein Mensch bin ich nicht
so sind wir einfach nicht

Lemuria

Versunkene Städte
Ich weiss das noch
Und die Schönheit des Vergangenen
Geh nicht weg, bleib in diesem Moment
Diese Städte sind geblieben
Sie warten nur, bis wir uns erinnern
Distanz
Distanz auf deinen Fotos
Sie sehen sich nicht an
Sie sprechen laut durcheinander
Hört mir zu
Singt zweistimmig
Ein Kunstwerk erschaffen gemeinsam
Wann ist es fertig?
Versunkene Ruinen
Unsere Städte erinnern uns an die Zeit vor der
Distanz

Wir bleiben stecken im Schnee
Distanz
Ich weiss das noch
Ich war hier

Zwischenfall

Zwischen zwei alten Häusern
und dem Chaos meiner Zeit
zwischen den Zeilen
zwischen Vergessen und Bereit
tauchst du wieder auf
du stehst da zwischen zwei Häusern
in einem klaren Licht
ich weiss
in diesem Moment gibt es dich

Lichtsprache

Sterne leuchten durch mein Fenster
Lichtkreise erzählen mir von der Zukunft
du schaust ins Licht
und erzählst
schliesst einen heiligen Bund
von aussen kann man uns nicht sehen
wir haben durch Zeichen alles gesehen
alles gespürt und erkannt
willkommen im neuen Land
jetzt sind wir da
es geht los
komm an
ich kann durch Wände sehen
wenn du mit mir sprichst
Materie gibt es nicht
unser Körper ist nur Illusion
das Ewige kennen wir schon

das Ewige ist alles, was wirklich ist
komm
erzähl mir noch mehr vom Licht

EPILOG

Ich:
Ich habe dich wieder! Habe dich gefunden.
Im Aussen – im Licht. Und in mir.

War es das? Gibt es ein Ende, einen Anfang dieser Reise?

Du:
Ich bin du.

Ich:
Du bist ich.

Du und Ich:
Wir sind eins mit dieser Welt, haben einander vermisst

Du:
Verloren

Ich:
Gefunden

Du:
Bleibt es dabei oder drehen wir weitere Runden?

Ich:
Wohin willst du noch gehen? Das Universum ist unendlich.

Du:
Ich habe das Unausweichliche anerkannt, mich vor der Liebe verneigt.

Ich:
Ufos und Unwirkliches zogen an mir vorbei: Unaussprechliche Visionen.

Entsetzliches Leid!

Du:
Depressionen und der Eindruck, dass nichts bleibt.

Ich:
Wir haben alte Brücken abgerissen und neue gebaut.

Du:
Major Tom hat von oben zugeschaut.

Ich:
Diabolisch und dunkel ist sie, diese Welt.

Du:
Die Hindernisse haben wir uns selbst in den Weg gestellt,
Erwartungen gebaut, Schablonen
und Muster
in denen kein Platz
für Liebe ist.

Ich:
In festgebauten Städten
und goldenen Türmen

hausten wir – als Menschen –
in Hüllen, die zu Ruinen zerfallen
- zu Wüstenstaub –
weggespült
vom Meer.

Damit unsere Seelen im Licht des Gartens
wieder von Neuem
erblühen können.

Und wieder von vorne.

Du:
Die Welt getaucht in halbes Licht.

Ich:
Alte Wunden sieht man nicht.

Du:
Im Garten sind Worte nicht nötig, sie zerstören nur.

Ich:
Das Meer spült es hinweg, das Trennende
So finden wir uns
als Liebende
und fallen wieder

Du:
Immer wieder!
Kommunikation geht anders.

Ich:
Einmal zerstört, gibt es nur ein Danach.
Kein Morgen, nicht mal die Vergangenheit.

Du:
Wenn wir nicht sprechen, sind wir uns nah.
Blau, die Farbe, die alles vereint.

Ich:
Am Anfang glaubt man dran
und stellt sich ausserhalb der Welt, über die Welt,
schaut von oben auf die herab,
die noch etwas fühlen.

Sie wollen ewig vor sich fliehen:
Die Menschen halten sich nicht aus.

Du:
Und klammern sich doch
- haben sie sich gefunden –
verzweifelt aneinander.

Ich:
Um wieder zu fallen ...

Du:
Aber dennoch sind wir
richtig so,
richtig hier,
ein Teil dieser Welt,
das kann ich jetzt sehen.

Wir müssen die Welt nicht verlassen,
nur, weil wir nicht passen.
Wir bleiben einfach stehen, verbinden uns miteinander,
mit allen! Uns selbst.

Ich:
Sie sagen, Vergessen ist das, was die Welt am Leben hält.
Sie sagen, Ignoranz befreit.

Du:
Vieles ist vergessen, doch manches bleibt.

Ich:
Am Ende sind es die,
die man nicht vergessen kann.

Du:
Also lassen wir sie zu,
die Dinge,
die man nicht erklären kann.

Ich:
Liebe ist seltsam,
so anders als gedacht!

Du warst nur ein Zwischenfall, nicht die Himmelsmacht.
Du warst ein Spiegel für mich,
genauso Schatten wie Licht.

Du:
Also lass uns die Worte nicht mehr wie Waffen nutzen,
lass uns anders kommunizieren!

Ich:
Wir sind Licht.
Reden wir mit Licht,
Energie und Emotion
die Energie in Bewegung ist!
Schwingen wir uns vom Mond zu den Sternen
und wieder zurück!

Du:
Ist DAS die neue Welt, die wir errichten wollten?
So ganz anders
als ursprünglich gedacht?

Du und Ich:
Wir kommen nicht an,
das war nie der Plan.
Nichts ist zu Ende,
es geht immer voran.
Sich verlieren. Sich finden.

Durch Städte, Ruinen, Wüsten, Meere
und Gärten des Lichts.
Durch Räume und Zeiten.
Unendliche Welten!
Es geht immer voran.

GLOSSAR

Kara Sevda	„schwarze Liebe“ (Türkisch)
Major Tom	Aus dem Song „Life on Mars“ von David Bowie
Namasté	„Ich verbeuge mich vor der Göttlichkeit in dir.“ (Sanskrit)
Rien ne va plus	Eine Aussage beim Roulette, u m die Platzierungen der Einsätze zu beenden: „Nichts geht mehr“
Ya Habibi ayn ant	„Mein Schatz, wo bist du?“ (Arab.)

ÜBER EDITION SCHREIBSTIMME

Unter dem Label edition SchreibStimme publiziert der Verlag SchreibStimme echte Texte, frische Stimmen, neue Talente: Aus einer Community von Schreibenden entstanden, teilweise in Workshops, Schreibcoachings, Retreats und offenen Lesenachmittagen gewachsen. SchreibStimme ist mehr als ein Verlag. Von der Idee bis zum Buch, dabei begleiten wir Menschen, die den Schritt zum ersten Buch wagen.

SchreibStimme hat einen eigenen Vibe. Den Mut zur eigenen Stimme finden. Experimentieren an den Genregrenzen, zwischen Poesie und Prosa. Auch toughe Themen zur Sprache bringen: Traumata, zerbrochene Beziehungen, Fremdheit, verlorenes Glück, Unverstandensein – und dann neues Leben, wiedergefundenes Glück, unbändige Lebensfreude!

Für alle Frauen und Männer, die ihre SchreibStimme suchen, sind wir da. Sprachkraft, Mut, marginalisierte Perspektiven – dafür gibt es unseren Verlag. Der Verlag ermöglicht es, Talente noch viel besser zu fördern und ihren Büchern eine Heimat zu geben.

Dr. Friederike Kunath & PD Dr. Franz Tóth, Gründer
www.schreibstimme.ch
www.verlag.schreibstimme.ch